RADELZEIT IN OSTFRIESLAND

Herrlich entspannte Touren zum Runterschalten & Genießen

Maria Berentzen

MARIA BERENTZEN

ÜBER MICH

Moin, ich bin Maria – und ohne mein Fahrrad bin ich nur ein halber Mensch. Wo immer es geht, steige ich aufs Rad. Selbst bei minus 20 Grad Celsius. Sturm und Regen können mich nicht schrecken, auch wenn ich Sonne lieber mag. Ich bin schon in Vietnam geradelt, am Polarkreis und durch andere Regionen – aber am liebsten bin ich in Ostfriesland unterwegs: Hier ist alles so herrlich flach. Nur mit dem Wind muss man leben. Aber der kann ja auch von hinten kommen.

Meine persönliche Radelweisheit:

» **Wenn man dem Gegenwind ausweichen möchte, dreht der einfach.**

LIEBE LESERIN, LIEBER LESER,

bei Ostfriesland denken die meisten Menschen an Tee, Schafe, Schiffermützen und Fischkutter. Ganz falsch ist das nicht – aber Ostfriesland ist so viel mehr als das: Bei den Tagestouren gilt es, Häuptlingsburgen zu erkunden, Runddörfer zu durchstöbern, das Moor schmatzen zu hören, Störche zu beobachten, Leuchttürme zu erklimmen und den Windungen von Gewässern zu folgen.

Wasser ist sowieso fast immer dabei: Mal rauscht das Meer neben dem Rad am Deich, mal gluckert es unter einer Fähre (durchaus auch handgezogen) und mal umspült es den Körper bei einem Bad. Seltene Vögel stehen auf dem Programm, Seehunde schauen vorbei. Auch die Niederlande sind nicht weit. Und etwas Leckeres zu essen gibt es unterwegs natürlich auch.

Eine herrlich entspannte Radelzeit wünscht

Maria B[illegible]

INHALT

UND SONST SO?

UNTERWEGS AUF DEN SCHÖNSTEN STRECKEN ...

PIEP UND SCHWIRR

» In Schleifen zieht der Weg sich an der Jümme zwischen Kräutern, Schafen und Wiesenvögeln hindurch. Ab und an zieht sogar ein Storch seine Kreise. Tour 3, zwischen Leer und Stickhausen, S. 34

FREI SEIN

» Rechts das Wasser, links die Insel, unterm Rad der Deich: Auf Norderney kann man weit über das Meer blicken und sich frei fühlen. Tour 13, zwischen Vogelbeobachtungshütte und Leuchtturm, S. 134

GENIESSERISCH

» Historische Häuser, alte Kirchen, Gässchen, Cafés und niedliche Boutiquen: In der Altstadt in Leer könnte man auch gleich den ganzen Tag verbringen. Tour 1, zwischen Leer und Bingum, S. 14

ABENTEUER INBEGRIFFEN

» Am Großen Meer leben nicht nur viele seltene Vögel – hier darf man auch bei gleich zwei handgezogenen Pünten seine Kraft unter Beweis stellen. Tour 7, rund um das Große Meer, S. 74

WEIT BLICKEN

» Es geht immer am Meer entlang: Schafe liegen mitten auf dem Weg, links spült das Meer an den Deich – und noch weiter links liegen die Inseln. Tour 14, zwischen Bensersiel und Neuharlinger-siel, S. 144

AUF DEM WASSER

» Die Fähre tuckert über die Ems, links ist Emden in Sicht, rechts das Sperr-werk. Hier kann man entspannen und den Ausblick genießen. Tour 6, zwischen Ditzum und Emden, S. 64

AN DER ALTEN BAHN ENTLANG

» Entlang der alten Kleinbahnstrecke bei Leer geht es zwischen Kühen und Wiesen mitten durch die Wallhecken-landschaft und den Wald. Tour 2, um Leer durch den Heseler Wald, S. 24

ALLE TOUREN
IM ÜBERBLICK
Norderney
DÜNEN &
WILDE NATUR
#13
OSTFRIESISCHE INSELN
DAS MEER & SEINE BEWOHNER
#11
Borkum
Norden
Hage
HÄUPTLINGE & GRAFEN
#12
Leybucht
NORDSEE
Upgant-Schott
AUF OTTOS SPUR IN DIE NATUR
#9
Pilsum
#10
ZU DEN WURZELN REISEN
Großes Meer
Uithuizen
Uithuizermeeden
Hinte
DAS SCHIEFE IM GERADEN
#7
NIEDERLANDE
RUND, RUND, RUND
DURCH DÖRFER
#8
Emden
Emder Hafen
Delfsiel
Appingedam
Pogum
Bedum
Ten Boer
Schildmeer
Dollart
Siddeburen
Dannemeer
Scheemda
Oldambtmeer
Bunde
ÜBER DIE GRENZE
#4
Haren
Hoogezand
Weener
Winschoten
Zuidlaardermeer
Bellingwolde

Langeoog
Helgoländer Bucht
Minsen
Schillig
Friederikensiel
Mederns
Horumersiel
Neugarmssiel
Esens
Dornum
Holtgast
#14 DIE INSELN IM BLICK
Waddewarden
Wittmund
Jever
#15 STADT, LAND, TIEF
Sandel
Schortens
Hovel
Leerhafe
Wilhelmshaven
Sande
#17 IN WALD UND MOOR
Aurich
#16 AB DURCH DIE MITTE
Jadebusen
Friedeburg
KANÄLE & MÜHLEN #18
#19 RUSSLAND BIS AMERIKA
Ihlowerfehn
Großefehn
Wiesmoor
#20 WO DAS MOOR GLUCKERT
Bockhorn
Varel
Moormerland
Hesel
Uplengen
Halsbek
#6 DEM WASSER IMMER NAH
Felde
#1 DAS TOR OSTFRIESLANDS
#2 DURCH WALD & FELD
Westerstede
Wiefelstede
Leer
#3 PIEPSHOW MIT STORCH & CO.
#5 WO GROSSE SCHIFFE WOHNEN
Zwischenahner Meer
Metjendorf
Barßel
Bad Zwischenahn
Westoverledingen
Edewecht

… UND AUCH PAUSE MACHEN NICHT VERGESSEN

SPUK AHOI!

» Mystisch-unheimlich sumpft der Moorwald in Plaggenburg bei Aurich, wo abgestorbene Äste kreidebleich aus dem Morast ragen und Bäume einfach umfallen. Tour 17, Stopp 2, S. 179

PADDEL, PADDEL

» Wasser gibt es in Ostfriesland viel, aber kaum irgendwo ist es so idyllisch wie im Tretboot auf dem Großen Meer zwischen den Wasservögeln. Tour 7, Stopp 4, S. 80

IMMER IM KREIS

» Schmale Gassen, liebevoll gestaltete Gärten, historische Gebäude: Im kreisrunden Dorf Rysum bei Emden scheinen die Uhren anders zu ticken. Tour 8, Stopp 1, S. 88

ARBEITEN LASSEN

» Einfach mal andere ranlassen: Bei einer Überfahrt mit der handgezogenen Pünte bei Leer kann man entspannt andere schuften lassen. Tour 3, Stopp 6, S. 41

NIEDLICHE KNOPFAUGEN

» In der Seehundstation in Norddeich finden verwaiste Seehunde ein Zuhause, bevor sie im Herbst in die Nordsee in die Freiheit entlassen werden.
Tour 11, Stopp 1, S. 118

SCHWIRR-BLUBBER

» An der Kiekkaaste an der Grenze zwischen Deutschland und den Niederlanden leben seltene Vögel, und ab und an schauen Seehunde und Schweinswale vorbei. Tour 4, Stopp 5, S. 50

GLUCKER, GLUCKER

» Der Wind streicht über den braunen Boden, Wollgras puschelt – und ab und an schwankt auf dem Moorerlebnispfad im Stapeler Moor sogar der Boden.
Tour 20, Stopp 3, S. 209

EINFACH LOSRADELN

DIE RADELPAUSEN

» START
Bahnhof Leer

KM 3
1 Museumshafen
Ein Heim für Schiffe besuchen

KM 6
2 Café Kuchenliebe am Deich
Kreativ-liebevoll speisen

KM 11
3 Irrgarten
Die Orientierung verlieren

DAS TOR OST-FRIESLANDS

1

Durch Altstadt und Moor zur Evenburg in Leer

Die Tour schlägt einen Bogen um Leer: Nach einem Schlenker durch die Altstadt und am Museumshafen entlang geht es zweimal über die Ems, durchs Grün zum Flugplatz und aus dem Moor schließlich zur Evenburg. Immer wieder ist eine Stärkung in Sicht.

WO MAN BLOß HINSCHAUEN SOLL, ...

... weiß man eigentlich gar nicht, so viel gibt es zu sehen. Es geht an der Uferpromenade am Leeraner Hafen entlang und durch die Altstadt. Das Rad schnurrt über gepflasterte Straßen und Gässchen, vorbei an historischen Häusern wie dem Haus Samson, das aus dem Jahr 1570 stammt. Auch zahlreiche Kirchen flankieren den Weg, der sich entlang kleiner Lädchen und Cafés zum **Museumshafen** zieht.

Unter der Jann-Berghaus-Brücke, einer der längsten Klappbrücken in Europa, rauscht die Ems in Richtung Meer – und von oben gibt es einen herrlichen Ausblick. Nach einer Stärkung im **Café Kuchenliebe am Deich** hört man die Ems zum zweiten Mal unter der Brücke gluckern.

MAN WEISS GAR NICHT, WELCHER SCHÖNHEIT IN DER ALTSTADT MAN SICH ZUERST WIDMEN SOLL

Im Westerhammrich könnte man sich auch im Zwergenland wähnen, denn alles wirkt klein und niedlich: Brückchen führen über Gräben, immer wieder gelangt man ans Wasser, und verschlungene Wege schlängeln sich durch die Landschaft rund um den **Irrgarten**.

Dann schneidet sich die schnurgerade Straße förmlich zwischen Wiesen und Weiden hindurch. Rechts und links weiden Kühe, Wegerich und Schafgarbe duften herb. Löwenzahn ist gelb auf die Wiese getupft oder steht als Pusteblume am Weg, auch Kiebitze leben hier auf den Wiesen. Immer ist der 160 Meter hohe Fernmeldeturm in Nüttermoor zu sehen, auf den die Straße zuführt.

Vom **Flugplatz** aus geht es im Zickzack an Seen vorbei, durch Wiesen und unter Bäumen hindurch bis ins **Königsmoor**. Dort ist etwas Abenteuergeist gefordert, denn der Weg wird zur Schotterpiste mit sandigen Abschnitten. Kies knirscht unter dem Rad, Wind streicht durch die Blätter, ab und an grasen Schafe, oder ein abgestorbener Moorwald reckt die kahlen Zweige empor.

Im Hammrich schließlich stakst der ein oder andere Storch über die Wiesen. Manche Köpfe mit schlankem Hals entpuppen sich aber auch als Fischreiher. Nach einem Schlenker an die Jümme und zur **Evenburg** fährt man zurück zum **Bahnhof.** «

Blick auf das Hafenbecken in Leer.

Ein Heim für alte Schiffe.

Hier kann man schon einmal die Zeit vergessen.

RADELN & GENIEßEN

START
Bahnhof Leer

Über Bahnhofsring und Georgstraße zur Uferpromenade, rechts auf Wörde, links auf Mühlenstraße und Brunnenstraße, rechts über Reformierter Kirchgang und Reformierter Schulgang, rechts auf Kirchstraße, links auf Steinburgsgang, rechts auf Süderkreuzstraße, dann links auf Königstraße fahren, links in Patersgang, rechts auf Kirchstraße.

KM 3

1 **Museumshafen**

Ein Heim für Schiffe besuchen

Was macht man eigentlich mit Schiffen, die man nicht mehr braucht? Meistens liegen sie irgendwo herum – und werden davon nicht gerade besser. Mit Glück dürfen einige im Museumshafen in Leer ankern, einer Art Pflegeheim für Schiffssenioren. Der Verein Schipperklottje (schipperklottje.de) kauft vernachlässigte historische Schiffe auf und restauriert sie liebevoll – so etwa den schwarzen Schlepper Trude von 1939, der sich im Hafen von Terherne in den Niederlanden kaum gegen die großen weißen Jachten behaupten konnte. Unter den Schiffen ist mit dem nur sechs Meter langen Keerlke auch der wohl kleinste funktionsfähige Schlepper Europas aus dem Jahr 1925. Am Ufer bietet der Verein Kleinigkeiten zum Verkauf an, darunter Bücher und Teekannen. Das Geld fließt in die Restaurierung der Museumsschiffe.

Links auf die Neue Straße, Fahrradschilder nach Bingum/ Ditzum.

Immer den Überblick über den Hafen behalten.

Immer herein, die Köstlichkeiten warten.

Kuckuck! Wer im Labyrinth schummeln möchte, schaut durch die Hecke.

KM 6

2 Café Kuchenliebe am Deich

Kreativ-liebevoll speisen

Aus Gartengeräten sind Lampen entstanden, Geschirr dient als Wanddekoration, und draußen blickt man zwischen Hortensien auf Rinder und den Deich. Frische Blüten stehen im Café Kuchenliebe am Deich (Dienstag bis Sonntag 10 bis 17 Uhr) nicht nur auf dem Tisch, sondern landen auch schon einmal auf der selbstgemachten Torte. In dem rustikal und liebevoll-chaotisch eingerichteten Café, in dem Lichterketten die nackten Backsteinwände schmücken, gibt es herrlichen Kuchen, frisch gebrühten Kaffee und auch Herzhaftes. Wer gleich bleiben möchte, kann im angegliederten Bed and Breakfast unterkommen.

Zurück über die Jann-Berghaus-Brücke, der Emsstraße folgen, links auf Deichstraße, rechts auf Windelkampsweg, nach der Kleingartensiedlung links, am See rechts fahren.

KM 11

3 Irrgarten

Die Orientierung verlieren

Rechts, links, geradeaus? Oder lieber wieder zurück zur letzten Abzweigung? Möglichkeiten, sich zu verirren, gibt es einige. Allenfalls die Sonne bietet etwas Orientierung, ansonsten hat man zwischen Strauchweiden, Liguster, Weißdorn und Hainbuchen schnell das Gefühl für die Richtung verloren. Früher konnte man noch über die Sträucher blicken, inzwischen sind sie aber so hoch gewachsen, dass auch das nicht mehr bei der Orientierung hilft. Beim runden Platz in der Mitte ist die Hälfte des Wegs bewältigt. Wer sich an den Minotaurus und das antike Labyrinth erinnert fühlt, liegt nicht ganz falsch – früher einmal weideten hier Rinder. Die Gefahr, von ihnen durch den Irrgarten verfolgt oder gar gefressen zu werden, besteht allerdings nicht. Andere Zeiten als damals eben – puh.

Zwischen den Seen hindurch über die beiden Brücken fahren, links auf Alter Weg, weiter auf Sandfuhrweg und Kloster-Thedinga-Straße, Schilder Richtung Flugplatz.

KM 16

4 Flugplatz
Die Sonne grüßen

Hier ist fast immer etwas los: Der Flugplatz Leer-Papenburg bettet sich zwar idyllisch ins Grün, aber davon sollte man sich nicht täuschen lassen. Mit rund 2500 Starts im Jahr liegt er beim Werksverkehr von Firmen bundesweit ganz vorne. Und auch Flieger zu den Inseln starten und landen dort. Um ein Flugzeug in Aktion beobachten zu können, muss man meist nicht lange warten. Wer noch Hunger oder Durst haben sollte, kann sich im Flugplatz-Restaurant (www.flugplatz-restaurant-leer.de) mit Blick zur Start- und Landebahn versorgen – auf der Panoramaterrasse in der Sonne.

Geradeaus auf Kloster-Thedinga-Straße, über B 70, den Schildern Richtung Emden/Veenhusen und später Richtung Warsingfehn/Timmel folgen, auf dem Birkhahnweg bleiben.

Das Moor schwappt und der Boden federt.

5 Königsmoor
Am Rand des Teewassers bleiben

Wasser kräuselt sich im Wind, der Boden federt, Libellen düsen umher und Moorbirken neigen sich zum See: Im Veenhuser Königsmoor ist der Rest eines Hochmoors erhalten geblieben, Lebensraum von Moorfröschen und Sonnentau. Den Weg sollte man tunlichst nicht verlassen, damit die Natur ungestört bleibt. Ein bisschen erinnert das braune Moorwasser, das dort ans Ufer dümpelt, an Tee. Vögel wie Kiebitze und Bekassinen haben in dem Gebiet ihre Heimat. Mit Glück entdeckt man sogar eine Waldeidechse. Auch typische Moorpflanzen wie Wollgras, Heide, Moosbeere und Moorlilie gedeihen hier.

Weiter auf Birkhahnweg/Veenhuser Weg, Radschilder Richtung Leer, links auf Feldstaße, rechts auf Logabirumer Straße, links auf Karkpad, rechts auf Maiburger Straße und links auf Zum Hammrich. Rechts auf Ritterstraße, weiter auf Meierstraße, links auf Fährstraße, an der Leda entlang über Mühlenallee, rechts zum Schlossgarten.

Abheben, bitte! Vom Flugplatz geht es zu den Inseln.

Die Evenburg in Leer ist eine echte Schönheit.

KM 35

Evenburg

Pause im Schatten der Bäume

Ein herrlicher Park erstreckt sich um das Wasserschloss und ist von Gräben, Brücken und Seen durchzogen. Ein Besuch im Schloss (wmk.landkreis-leer.de), das im Ursprung aus dem Jahr 1650 stammt, und in den wechselnden Ausstellungen lohnt sich, noch imposanter ist aber der weitläufige Garten mit den alten Bäumen. Früher wurden in den Gewächshäusern sogar Ananas, Pfirsiche und Weintrauben gezogen. Heute verwandeln im Frühling Tausende von Krokussen den Rasen in einen blühenden Teppich. Im Bauerngarten gedeihen alte Nutzpflanzen aus Ostfriesland, und auf der Allee stehen imposante Linden so gerade wie die Säulen in einer Kathedrale, mit Eichen und Buchen in den Seitenschiffen. Und im Café vorne am Eingangsbogen kann man sich im Schatten der Bäume stärken.

Über Evenburgallee zur B 70, rechts fahren, links auf Hoheellernweg, rechts auf Reimerstraße, links über die Gleise und zum Bahnhof.

EXTRA INFOS:

Schon die verspielt bemalte Fassade der ● **J. Bünting Coloniale** lohnt sich: Da taucht ein Seehund aus dem Wasser, dort trinkt ein Krake aus einer filigranen Teetasse. Viele der sonstigen Figuren stammen aus Sagen und Mythen aus der Region rund um Leer. Hier kann man Tee genießen (www.buenting-coloniale.de), sich mit Zubehör rund um die ostfriesische Teezeremonie versorgen oder noch das benachbarte Bünting-Teemuseum besuchen (www.buenting-teemuseum.de).

Wem es im Westerhammrich zwischen den liebevoll angelegten Seen und Brückchen gefällt, der hat womöglich auch Spaß am ● **Barfußpfad**. Auf ihm balanciert man zum Beispiel über Baumstämme oder hangelt sich an einem Höhenpfad entlang..

KM 38 » ZIEL

Bahnhof Leer

Wer mag, gönnt sich kurz vor dem Ziel noch eine zweite Stärkung.

AUF EINEN BLICK

- » **Start/Ziel:** Bahnhof Leer
- » **Strecke/reine Radelzeit:** 38 km (Rundtour), 3 Std.
- » **Wegbeschaffenheit:** Überwiegend geteerte Wege, in der Altstadt und im Moor holpert es etwas.
- » **Beste Zeit:** Frühling bis Herbst.
- » **Mitnehmen:** Mückenschutz, eventuell Fernglas.

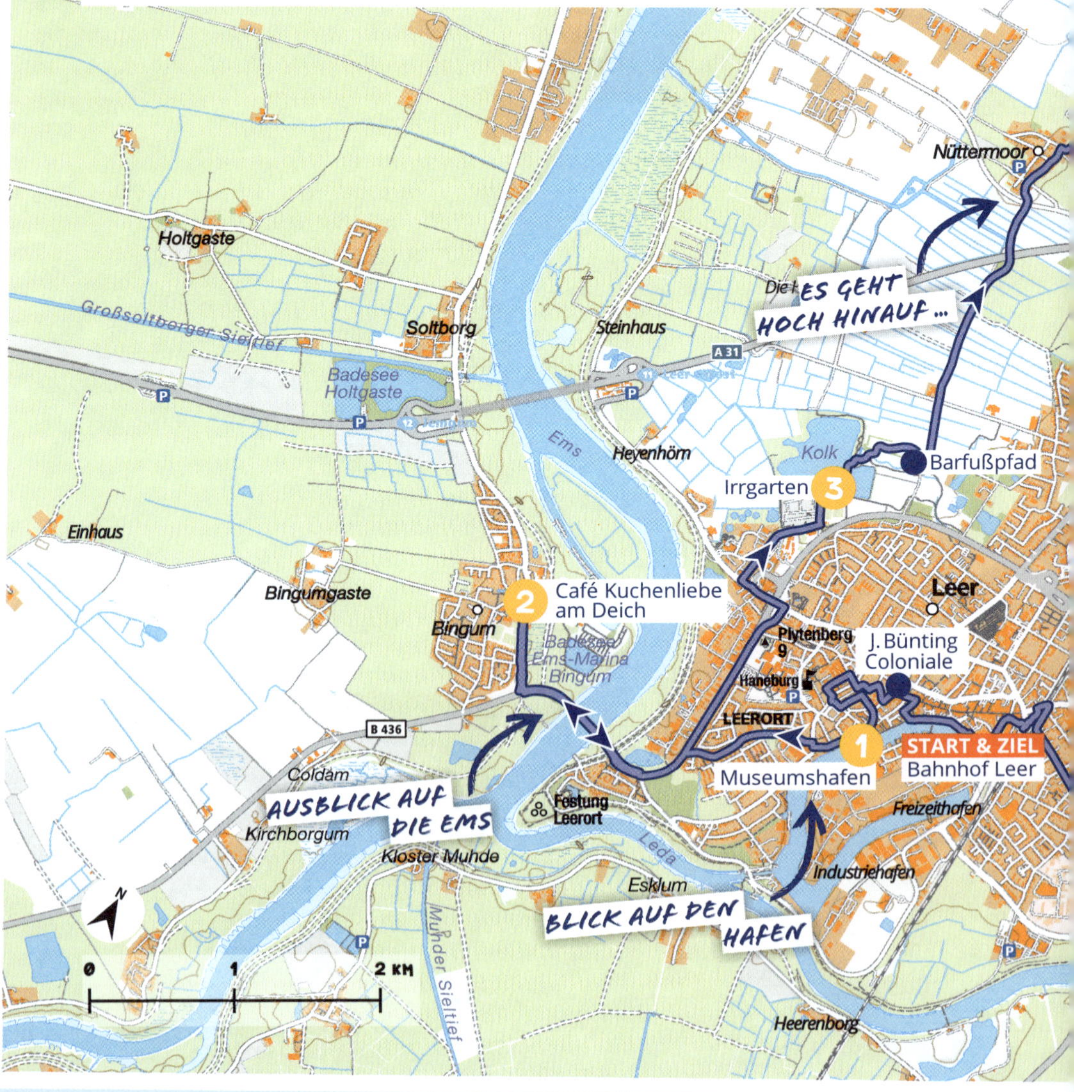

ES GEHT HOCH HINAUF ...

Barfußpfad

3 Irrgarten

2 Café Kuchenliebe am Deich

J. Bünting Coloniale

1 Museumshafen

START & ZIEL Bahnhof Leer

AUSBLICK AUF DIE EMS

BLICK AUF DEN HAFEN

0 1 2 KM

Warsingsfehn
Sauteler Kanal
B 70
Fehntjer Berg
11
... UND MIT SCHWUNG NACH UNTEN
Badesee Veenhusen
Neu Schwoog
Flugplatz Leer-Papenburg
4
Kloster Thedinga
Klostermühle
Veenhusen
L 24
5
Königsmoor
Veenhuser Königsmoor
A 31
EISINGHAUSEN
HEISFELDE
Dreieck Leer
A 28
Meerhausen
Logabirumer Wald
Brinkum
Leer-Ost
B 436
Julianenpark
LOGA
LOGABIRUM
Gedächtniswald
Philippsburg
Evenburg
6
Leda
Nettelburg
BÄRLAUCH
Nortmoor

DIE RADELPAUSEN

» START
Bahnhof Leer

KM 10
1 Skulptur am Wanderweg
Sich an der Kunst reiben

KM 18
2 Gut Stikelkamp
Kleine Rast im Wald

KM 21

Ostfriesenbräu
Im Brauhaus schmausen

DURCH WALD & FELD 2

Runde um Leer durch den Heseler Wald

Viel Wald, Wiesen und ein bisschen Wasser: Diese Tour ist herrlich an warmen Tagen, weil sie jede Menge Schatten bietet und auch die Abkühlung nicht zu kurz kommt. Außerdem radelt man mitten durch Wallhecken und Felder.

KM 27

4 Heseler Wald

Waldbaden mit Wasseranschluss

KM 33

5 Wasserpark Hasselt

Per Du mit dem Wasser

KM 38

6 Kurbelfähre

Mit der Kraft der Muskeln

KM 50 » ZIEL

Bahnhof Leer

EINE HINTERLAND-IDYLLE UNTER BÄUMEN ...

... lässt sich hier erleben: Wo noch bis zum Ende der 1960er-Jahre auf Schmalspurgleisen eine Kleinbahn mit Dampfloks von Leer bis zur Küste schnaufte, kann man heute auf dem Ostfriesland-Wanderweg wundervoll radeln. Über den Köpfen rascheln Baumkronen, in deren Schatten der Weg sich zwischen Weiden und Waldhecken hindurchzieht. Unterwegs winkt man Kühen. Kerbel, Knoblauchrauken, Stinkender Storchenschnabel und Taubnesseln verströmen ihren würzigen Duft. Wer schon rasten mag, findet unterwegs die ein oder andere freie Bank.

Am Gedächtniswald vorbei geht es weiter durch den Logabirumer Wald. Hier streicht der Wind durch die Blätter, während nicht allzu weit entfernt noch die Bundesstraße leise rauscht, aber selten wirklich stört. Gelegentlich klopft ein Specht, auch Eichelhäher und Buchfinken flattern da und dort vorbei.

DIESES GEFÜHL, WENN BEIM WALDBADEN JEGLICHER STRESS VON EINEM ABFÄLLT ...

Kurz streift der Weg die Bundesstraße, bevor er sich wieder abkehrt und an der **Skulptur am Wanderweg** vorbei durch die Landschaft streckt. Dann versteckt er sich plötzlich ganz und man rollt mitten durch den Ort Hesel. Aber hallo Wanderweg, da bist du ja wieder! Vielleicht hat er sich einfach nur zum Lesen zurückgezogen – zumindest kommt er in Gesellschaft einer öffentlichen Bücherzelle zurück.

Hinter den Feldern erhebt sich der Stikelkamper Forst, in dem sich die Buchen nach zunächst wildem Wald ordentlich zu einer Allee aufstellen und zum **Gut Stikelkamp** führen. Die Heseler Mühle streckt ihre Flügel aus und weist den Weg zu einer Stärkung im (und mit) **Ostfriesenbräu**.

Da drängt sich mit dem **Heseler Wald** schon der nächste Forst ins Bewusstsein. Die Wege dort sind etwas naturnäher, aber gut mit dem Rad zu meistern. Es rollt sich fast wie von selbst auf kaum befahrenen Straßen durch Wiesen und Felder, während die ein oder andere Lerche vorbeidüst. Dann gurgelt das Wasser im **Wasserpark Hasselt** und schmiegt sich um die **Kurbelfähre**. Es wird noch einmal richtig einsam, bevor die ersten Häuser von Nortmoor in Sicht kommen. Von dort geht es zurück zum Bahnhof. «

Mit Muskelkraft am Wald entlang.

Am Wanderweg bieten sich viele Gelegenheiten für ein Päuschen im Grünen.

Darf es vielleicht etwas zum Lesen für unterwegs sein?

RADELN & GENIEßEN

START

Bahnhof Leer

Erste Ausfahrt im Kreisel, Große Roßbergstraße entlang. Rechts in Logaer Weg. Links auf den Ostfriesland-Wanderweg, Schilder Richtung Holtland/Hesel.

KM 10

1 **Skulptur am Wanderweg**

Sich an der Kunst reiben

Ob denen nicht auch einmal schwindelig wird? Vögel ziehen um das Kunstwerk von Monika Kühling am Wanderweg wilde Bahnen, bei denen sie Spuren in der Luft hinterlassen. Andere sitzen ruhig da, schon seit vielen Jahren. Die Skulptur »... die mit dem Wind tanzen« gehört zu einem Kunstprojekt, für das Scheuerpfähle umfunktioniert wurden. Eigentlich stehen diese auf Weiden und helfen aus, wenn es Rind, Schaf oder Ziege einmal juckt. So schubbern die Tiere sich nicht an den Zäunen, die sie dabei beschädigen könnten. Aber was wäre ein Scheuerpfahl ohne seine Aufgabe? Reibt man sich also einfach an der Kunst.

Weiter auf dem Wanderweg. Beim Supermarkt geradeaus über die Ampel. Der Straße bis zur Tankstelle an der Ampelkreuzung im Ortskern von Hesel folgen, da scharf links. Durch den Torbogen fahren, rechts auf den Wanderweg.

An der Skulptur geht es hoch hinaus.

Und jetzt eine Stärkung: Das Ostfriesenbräu ist mehrfach beim European Beer Star ausgezeichnet worden. Am besten testet man es selbst.

KM 18

2 Gut Stikelkamp
Kleine Rast im Wald

Mitten im Wald lichten sich die Bäume, und ein Gutshaus schimmert zwischen dem Grün durch. Gut verborgen hat es die Jahrhunderte überdauert, seit es um 1400 herum gebaut wurde. Damals war es noch richtig fromm und gehörte zum Johanniterkloster in Hasselt. Inzwischen ist es allerdings vom Glauben abgefallen. Der idyllisch gelegene Rastplatz am Gut bietet sich für eine Pause an. Wer mag, erkundet den Stikelkamper Forst auf einem Baumlehrpfad, auf dem Schautafeln mehr über die Pflanzen und Tiere im Wald verraten. Hier ist auch die Zeit für einen großen Auftritt gekommen: Auf einem Waldklavier kann man Ahorn, Fichte, Kiefer, Douglasie und weitere Holzarten bespielen.

Zurück zum Wanderweg, dann links abbiegen und am Waldrand entlangfahren. Über die B 72, weiter auf Voerstad.

Gut Stikelkamp verbirgt sich mitten im Wald.

KM 21

3 Ostfriesenbräu
Im Brauhaus schmausen

Ostfriesen trinken nur Tee? Von wegen! Beim Bier machen sie gern eine Ausnahme, etwa beim Ostfriesenbräu – zumal Tee ursprünglich eingeführt wurde, damit die Ostfriesen nicht so viel Bier trinken. Braumeister René Krischer hat eine ehemalige Molkerei in ein Brauhaus verwandelt (www.ostfriesenbraeu.de). Das malzige Landbier wird nach einem alten Rezept gebraut, ist unfiltriert und wurde mehrfach beim European Beer Star ausgezeichnet. Bier auf leeren Magen könnte aber für Lenkerschlingern auf der Weiterfahrt sorgen, deshalb gesellt man sich am besten eine deftige Mahlzeit dazu. Bei schönem Wetter findet sich ein Plätzchen draußen im Biergarten. Während der Öffnungszeiten kann man zudem das Brauereimuseum besuchen, um das perlende Gebräu besser kennenzulernen.

Zurückfahren. An B 72 links abbiegen, weiter links auf Mühlenstraße. Rechts über Höster Straße und links über Lübbersmoorweg, rechts auf Milchweg in den Wald.

KM 27

4 Heseler Wald

Waldbaden mit Wasseranschluss

In die Wipfel blicken, dem Rauschen der Blätter lauschen und sich den Wind durch die Haare streichen lassen: Waldbaden stammt aus Japan, funktioniert aber auch anderswo, solange es nur Bäume gibt. Die sind im Heseler Wald reichlich vorhanden – und deshalb klappt es dort prima, die Natur zu sehen, zu hören, zu spüren und zu riechen und sich dabei zu entspannen. Wem das Waldbaden nicht reicht: In den Silbersee kann man auch ganz eintauchen, dann allerdings in Wasser statt in Wald. Schräg gegenüber auf der anderen Straßenseite befindet sich außerdem ein Rastplatz samt Abenteuerspielplatz mit Seilbahn, Rutschen und Klettermöglichkeiten, auf dem nicht nur Kinder Spaß haben.

Links an der Oldenburger Straße entlang. Rechts auf Hasselterfeldstraße. Weiter auf Am Wasserwerk.

Wasser überall: Im Wasserpark Hasselt kommt man ihm auf die Spur.

KM 33

5 Wasserpark Hasselt

Per Du mit dem Wasser

Wie sieht es eigentlich unter einer Straße aus? Wer nicht in einen Gulli klettern möchte, steuert für eine Antwort auf diese Frage einfach den Wasserpark Hasselt an (www.wmuhesel.de/wasserpark.html). Dort wird auch verraten, wie Regenwasser zu Trinkwasser wird und woher eigentlich das Grundwasser kommt. Wollte man schon immer einmal in die Pedale treten, um im See eine Fontäne aufsteigen zu lassen, ist man ebenfalls an der richtigen Stelle. Wer noch nicht genug Sport getrieben hat, kann so selbst die Mühsal nacherleben, die es früher bedeutet hat, Wasser zu schöpfen.

Weiter auf Am Wasserwerk, rechts auf Alte Kreisstraße, über die B 72 und links auf die Sichterstraße. Den Schildern zur Kurbelfähre folgen.

An heißen Tagen bietet der Silbersee im Heseler Wald eine perfekte Abkühlung.

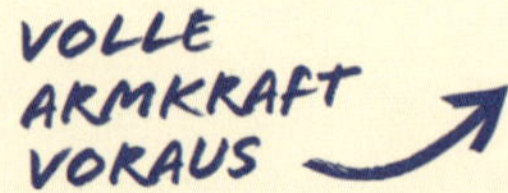

KM 38

6 Kurbelfähre

Mit der Kraft der Muskeln

Jetzt ist Schwung gefragt: Falls die Beine langsam wackeln sollten, sind die Arme vielleicht noch stark genug, denn die Kurbelfähre bewegt man mit Muskelkraft über das Holtlander Ehetief. Dabei kurbelt man die flache Pünte mit einem Schwungrad an einer Eisenkette entlang über das gut 15 Meter breite Gewässer. Unterwegs bestaunt man die Graffitikunst unter der Autobahnbrücke. Mit dem Heiraten (oder einer Ehe an ihrem Tiefpunkt) hat das Holtlander Ehetief übrigens nichts zu tun – der Name Ehe geht auf die altfriesische Bezeichnung ē für kleine fließende Gewässer zurück.

Unter der Brücke auf den Achter Gaste Weg, links auf Steinklippen, rechts auf Pallerkweg und rechts auf die Leeraner Straße. Schildern Richtung Leer/Bahnhof folgen.

EXTRA INFOS:

Heute haben sie ihre Spuren gut verwischt, aber in Ostfriesland gab es einst die meisten Klöster im mittelalterlichen Deutschen Reich – viele davon in Hesel. Am berühmtesten ist das ● **Kloster Barthe**, dessen Umrisse noch heute auf der Wüstung (dem Schild folgen) im Heseler Wald zu erkennen sind. Nachdem das Kloster aufgegeben wurde, legte sich immer mehr Sand über die Mauern, und es verfiel. Heute weiß man, wo es stand. Hecken zeigen den einstigen Verlauf der Mauern.

KM 50 » ZIEL

Bahnhof Leer

Kurbeln, kurbeln, kurbeln: Wer auf die andere Seite des Holtlander Ehetiefs möchte, muss Hand anlegen.

AUF EINEN BLICK

- **Start/Ziel:** Bahnhof Leer
- **Strecke/reine Radelzeit:** 50 km (Rundtour), 4 Std.
- **Wegbeschaffenheit:** Teils sehr gut, teils etwas holprig, insgesamt eine ausgewogene Strecke.
- **Beste Zeit:** Sommer (zum Baden).
- **Mitnehmen:** Mückenschutz, Badesachen, etwas Verpflegung für unterwegs.

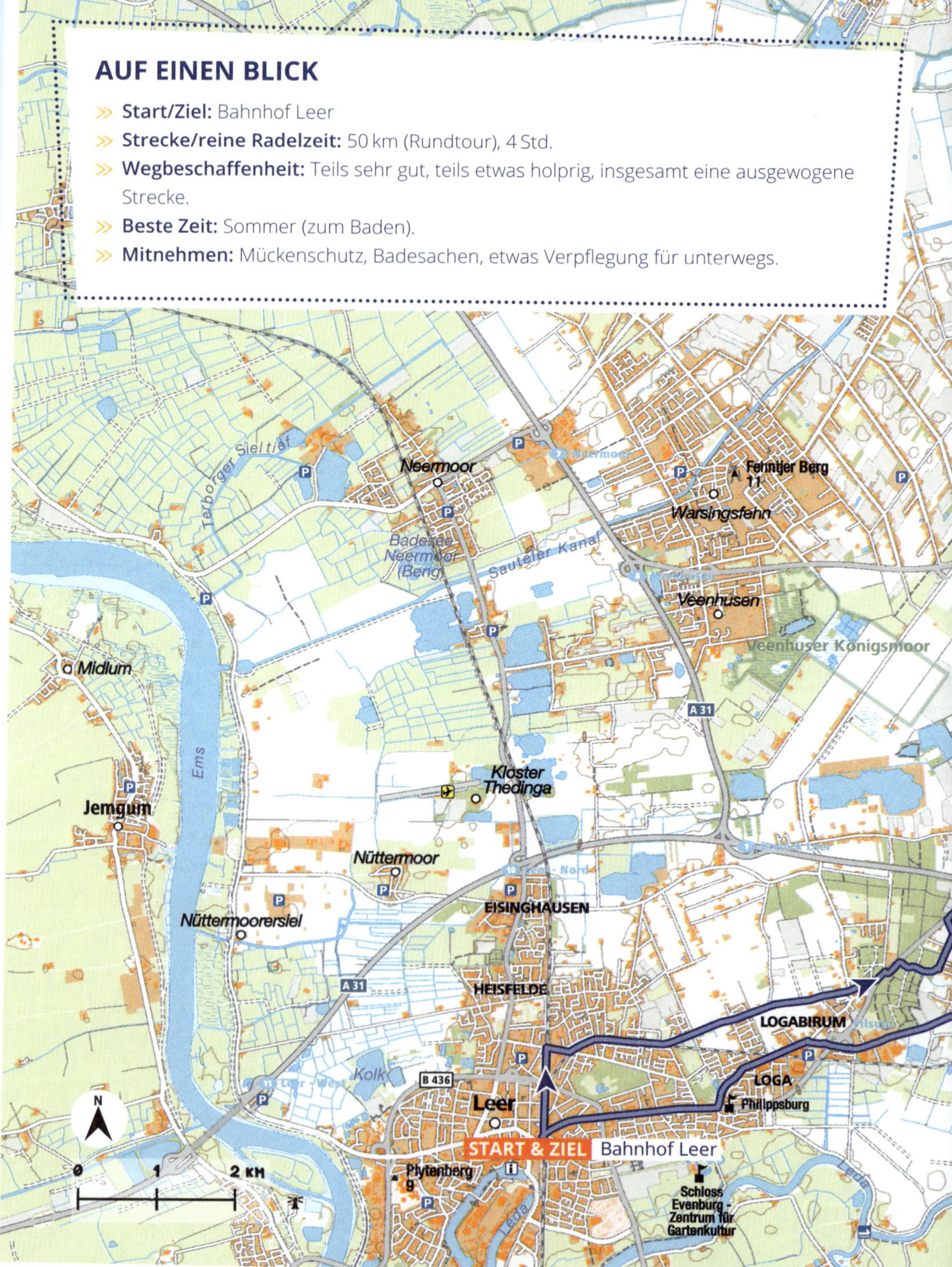

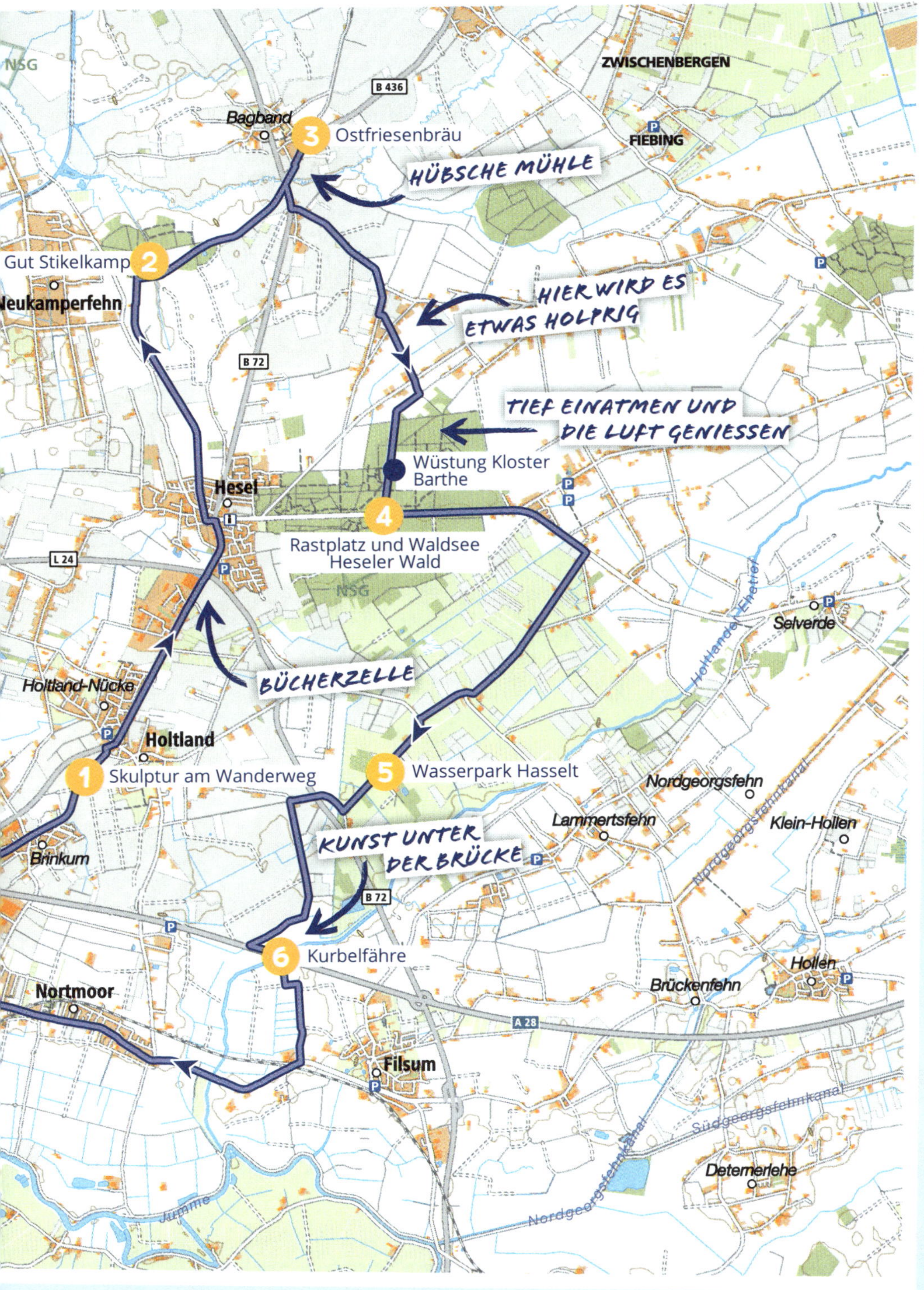

NSG
B 436
ZWISCHENBERGEN
Bagband
3 Ostfriesenbräu
FIEBING
HÜBSCHE MÜHLE
Gut Stikelkamp 2
Neukamperfehn
HIER WIRD ES ETWAS HOLPRIG
B 72
TIEF EINATMEN UND DIE LUFT GENIESSEN
Wüstung Kloster Barthe
Hesel
4
Rastplatz und Waldsee Heseler Wald
L 24
NSG
Selverde
Holtlander Ehetief
BÜCHERZELLE
Holtland-Nücke
Holtland
1 Skulptur am Wanderweg
5 Wasserpark Hasselt
Nordgeorgsfehn
Lammertsfehn
Klein-Hollen
Brinkum
KUNST UNTER DER BRÜCKE
Nordgeorgsfehnkanal
B 72
6 Kurbelfähre
Hollen
Nortmoor
Brückenfehn
A 28
Filsum
Südgeorgsfehnkanal
Detemerlehe
Jümme
Nordgeorgsfehnkanal

DIE RADELPAUSEN

» START
Bahnhof Leer

KM 7
1 Aussichtsturm
Die Landschaft wirken lassen

KM 16
2 Burg Stickhausen
Sich in früheren Zeiten wähnen

KM 17
3 Jümmesee
Einmal abkühlen, bitte!

3 PIEPSHOW MIT STORCH & CO.

An der Jümme von Leer nach Stickhausen und zurück

Nicht nur Störche ziehen hier ihre Jungen groß, auch jede Menge Wiesenvögel haben entlang der Jümme ihre Heimat gefunden. Die Route führt an Flusswindungen entlang durch die Natur und öffnet immer wieder den Blick in die Weite.

KM 17

4 Café und Restaurant Zum Jümmesee

Stärkung am Wasser

KM 28

5 Schmalste Autobrücke Europas

Jetzt nur nicht anstoßen

KM 30

6 Pünte

Einmal andere arbeiten lassen

KM 38 » ZIEL

Bahnhof Leer

ES PIEPST, SURRT UND SCHWIRRT, ...

... und unterwegs stehlen die Vögel der Landschaft glatt die Schau: Lerchen flattern über die Wiesen und Weiden, Kiebitze kii-witten und Turmfalken scheinen in der Luft erstarrt zu sein. Der Kuckuck ruft, Dohlen krächzen – und immer wieder lenken Störche die Blicke auf sich. Im Frühling und Sommer ziehen sie ihre Jungen in den Nestern in der Leda-Jümme-Niederung groß. Im Spätsommer staksen die Jungstörche dann selbst über die Wiesen und futtern Frösche und Mäuse, bevor sie sich auf ihre erste große Reise in den Süden machen.

UND PLÖTZLICH FLIEGT EINEM EIN STORCH ÜBER DEN KOPF UND LANDET GANZ IN DER NÄHE

Die Route führt in Windungen am Deich der Jümme entlang und am **Aussichtsturm** vorbei. Auf dem Weg zur **Burg in Stickhausen** grasen rechts Schafe, während sich links die Landschaft weit öffnet. Immer wieder sind Nistgelegenheiten für Störche aufgestellt. Nicht alle werden jedes Jahr besetzt – aber die Chancen stehen gut, den ein oder anderen Storch zu entdecken.

Auf dieser Strecke fegt der Wind an manchen Tagen recht heftig über die Landschaft. Dann raubt er regelrecht die Gerüche aus der Nase. Wenn nur ein Lüftchen weht, riecht man aber den Duft der Kräuter: Hier blühen nicht nur Löwenzahn, Hahnenfuß und Gänseblümchen, sondern auch würziger Kerbel, Wegerich und Schafgarbe.

Auf halbem Weg erfrischt ein Bad im **Jümmesee**. Eine Stärkung im **Café und Restaurant Zum Jümmesee** gibt Kraft für den Rest der Tour: Dort stößt man kaum einmal auf eine Scheune oder eine Baumgruppe, und der Blick reicht an vielen Stellen fast bis zum Horizont. Allerdings kann der Wind dadurch umso ungestümer blasen. Auf dieser Tour lohnt es sich deshalb, die Kräfte etwas einzuteilen: Genießt man auf dem Hinweg noch den Wind sacht im Rücken, ist es möglich, dass er auf der Rückfahrt straff von vorn pustet – oder gleich so dreht, dass er auf beiden Streckenabschnitten von vorn kommt. Von der **schmalsten Autobrücke Europas** geht es weiter zur handgezogenen **Pünte** und über den Ostfriesland-Wanderweg zurück zum Bahnhof. «

RADELN & GENIEßEN

Gerahmte Schafe: Der Aussichtsturm öffnet neue Perspektiven.

START

Bahnhof Leer

Erste Ausfahrt im Kreisel, über die Gleise, rechts in die Reimerstraße und links auf den Hoheellernweg. Weiter auf Kleine Allee, immer geradeaus. Weiter auf Riemtappenweg, am Deich links.

KM 7

1 Aussichtsturm

Die Landschaft wirken lassen

Weitsicht vom kleinen Turm: Weil die Landschaft so flach ist, reichen schon wenige Stufen, um den Überblick zu bekommen.

Einst in den Farben Ostfrieslands in Blau, Rot und Schwarz lackiert, haben Graffiti den Turm inzwischen erobert. Ein Aufstieg lohnt, um den Blick über die Landschaft zu genießen, die Weite zu spüren und Tiere zu beobachten, ohne sie zu stören. Durch das Fernrohr auf dem Deck rückt auch Entferntes in die Nähe. Zum Beispiel Schafe, die ihre Lämmer säugen, während deren Schwänze wild wedeln. Oder Kiebitze und andere Wiesenbrüter. Tipp: Wer Schafe oder Vögel fotografieren möchte, aber kein Teleobjektiv im Gepäck hat, kann sein Handy oder seine Kamera auch an das Fernrohr halten und auf diese Weise fotografieren.

Weiter auf Neuer Weg, rechts auf Rüschwehrweg, am Deich links fahren. Der Jümme folgen. Rechts über die Brücke und über die B 72 auf die Burgstraße.

KM 16

2

Burg Stickhausen

Sich in früheren Zeiten wähnen

Wer aus dem Südosten nach Ostfriesland reiste, musste früher an ihr vorbei: Die Burg, die heute ein Museum ist, diente einst als Festung, um Ostfriesland gegen Feinde zu verteidigen (burg-stickhausen.de). Ein Spaziergang durch den Burggarten rund um den Turm lockert müde Beinmuskeln. Vorsicht: In den Bäumen nisten zahlreiche Dohlen, und ab und an tropft auch schon einmal eine Hinterlassenschaft von oben hinunter. Tief einatmen sollte man im Kräutergarten. Dort verströmen Lavendel, Baldrian und Salbei zarte und herbe Gerüche.

Weiter auf der Burgstraße, über die Jümme, links auf die Straße.

EIN SCHATTIGES PLÄTZCHEN

Wer Ostfriesland erobern wollte, musste hier erst einmal vorbeikommen.

KM 17

3

Jümmesee

Einmal abkühlen, bitte!

So lange am Wasser entlanggefahren, aber nicht drin gewesen? Jetzt ist die Chance! Der Jümmesee bietet eine herrliche Erfrischung. Wer mag, streckt die Beine eine Weile am Strand aus und genießt die Sonne oder springt gleich in den See. Will man Sand in den Schuhen und Socken lieber vermeiden, gibt es auch Grünflächen, die bis ans Wasser reichen. Dort herrscht meistens auch weniger Andrang als am Strand, der bei gutem Wetter oft reichlich besucht ist. Wer mag, kann auch Volleyball oder Boule spielen oder sich ein Board fürs Stand-up-Paddeln ausleihen.

Weiter am See entlang.

Einmal die Füße abkühlen, bitte!
Oder lieber gleich den ganzen Körper?

KM 17

4

Café und Restaurant Zum Jümmesee

Stärkung am Wasser

Wellen plätschern ans Ufer, die Sonne glitzert auf dem Wasser – und man selbst kann sich jetzt entspannt zurücklehnen. Mit Blick auf den Jümmesee lassen sich auf den Palettenbänken oder den anderen Holzmöbeln warme Speisen wie Backfisch oder Schnitzel genießen (www.facebook.com/caferestaurantzumjuemmesee). Kaffee, Kuchen und Eis gibt es es natürlich auch. Und wer sich richtig den Bauch vollschlagen möchte, versucht sich an einer der üppigen Torten. Schilder zeigen, in welche Richtung es geht, wenn man das nächste Ziel anpeilt, etwa Paris, Hurghada, London – oder vielleicht doch den Ortskern von Detern, den der Weg zuvor nur gestreift hat?

Den Weg zur Straße zurückfahren, geradeaus auf den Breitenweg. An der T-Kreuzung rechts. Dem Fluss folgen. Rechts auf Terwischer Weg, rechts auf Groß Terwisch, links auf Deichstraße. In Neuburg geradeaus auf Turmstraße. In Amdorf am Spielplatz links auf Trappenweg.

Paris, Berlin oder London?
Oder einfach hier bleiben?

Auf der handgezogenen Pünte ist viel Armkraft gefragt.

KM 28

5

Schmalste Autobrücke Europas

Jetzt nur nicht anstoßen

Im Winter bietet die schmale Brücke die einzige Möglichkeit, auf die andere Seite der Leda zu gelangen.

Passt da wirklich ein Auto durch? Wer zum ersten Mal an dieser Brücke steht, zweifelt, ob sie wirklich für Kraftfahrzeuge gemacht ist. Die gerade einmal 2,50 Meter breite Brücke – Fahrspur 1,85 Meter! – wurde ursprünglich genutzt, um Vieh auf die andere Seite des Flusses Leda zu treiben und um Krankenwagen und Löschfahrzeugen einen Weg über den Fluss zu ermöglichen. Inzwischen wird sie vor allem für den Autoverkehr genutzt. Eine Ampel regelt, welche Seite an der Reihe ist und fahren darf. Von Oktober bis Ende April ist an dieser Stelle außerdem die einzige Möglichkeit, den Fluss zu überqueren.

Zurück nach Amdorf, beim Spielplatz links und der Fährstraße folgen. Achtung: Die Pünte verkehrt nur von Mai bis Oktober. Alternativ beim vorherigen Stopp über die schmalste Autobrücke weiter, danach rechts und an der Leda entlang bis zur B 70 und über den Fluss. Links über Hoheellernweg zurück zum Bahnhof.

KM 30

Pünte

6 Einmal andere arbeiten lassen

Ziehen, ziehen, ziehen! An einem stählernen Seil schwankt die handgezogene Pünte hin und her. Während sich die Fährleute gegen die Strömung stemmen und die Fähre Stück für Stück über den Fluss bringen, kann man selbst entspannen. Um einen herum gurgelt und schmatzt derweil das Wasser. Früher setzen hier Pferdekutschen und Handkarren über, und es wurde Vieh transportiert, heute ist die Fähre vor allem bei Radelbegeisterten beliebt. Sie nimmt aber auch Autos und Motorräder mit auf die Reise. Von der Pünte aus lassen sich häufig Störche beobachten, die in der Nähe brüten und über den Fluss fliegen.

Geradeaus. Rechts auf Sielfennenweg und Zum Hammrich. Bei der Maiburger Straße rechts, dann links auf den Karkpad. Auf der Logabirumer Straße links, rechts auf den Weizenweg. Am Wanderweg links und am Ende den Schildern Richtung Bahnhof folgen.

An Schafen herrscht auf dieser Route kein Mangel.

Bahnhof Leer

Rasenmäher bei der Arbeit: Schafe schützen die Deiche, indem sie Löcher zutreten und den Bewuchs kurz halten.

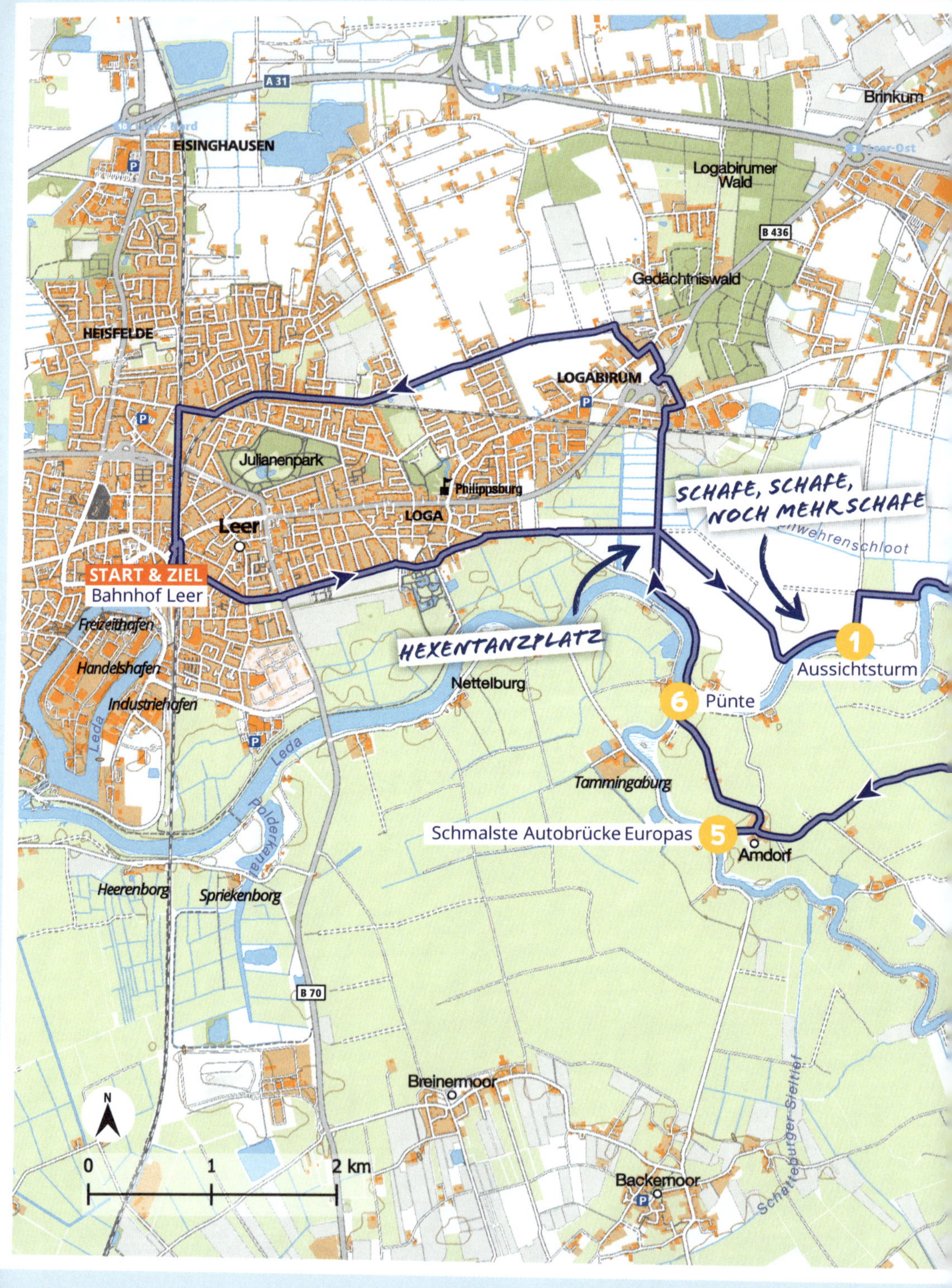

A 31
EISINGHAUSEN
Brinkum
Logabirumer Wald
B 436
Gedächtniswald
HEISFELDE
LOGABIRUM
Julianenpark
Philippsburg
LOGA
Leer
SCHAFE, SCHAFE, NOCH MEHR SCHAFE
START & ZIEL
Bahnhof Leer
Freizeithafen
Handelshafen
Industriehafen
HEXENTANZPLATZ
Nettelburg
1
Aussichtsturm
6
Pünte
Leda
Polderkanal
Tammingaburg
5
Schmalste Autobrücke Europas
Amdorf
Heerenborg
Spriekenborg
B 70
Breinermoor
N
0
1
2 km
Backemoor
Schatteburger Sieltief

AUF EINEN BLICK

- **Start/Ziel:** Bahnhof Leer
- **Strecke/reine Radelzeit:** 38 km (Rundtour), 3 Std.
- **Wegbeschaffenheit:** Überwiegend asphaltiert, aber nicht überall gut in Schuss. Teils etwas rumpelig, auf kurzen Teilstücken Kies und Sand.
- **Beste Zeit:** Frühling bis Herbst.
- **Mitnehmen:** Fernglas, Badezeug, Sonnenschutz.

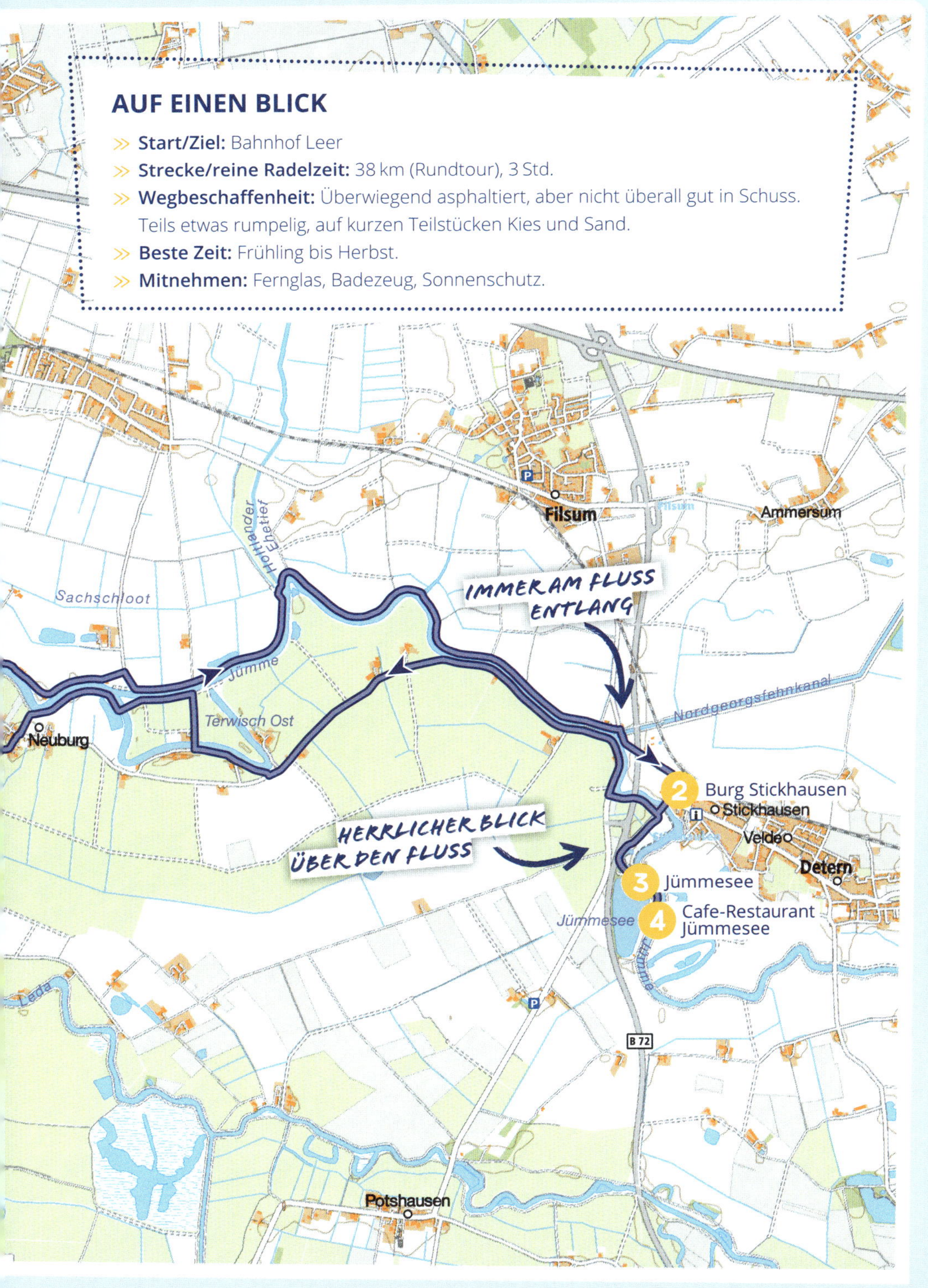

DIE RADELPAUSEN

» START
Bahnhof Weener

KM 2
1 Hafen Weener
Die Zeit anhalten

KM 11
2 Steinhaus Bunderhee
Geister aufspüren

KM 22
3 Wynhamster Kolk
Eine Rentner-Mühle besuchen

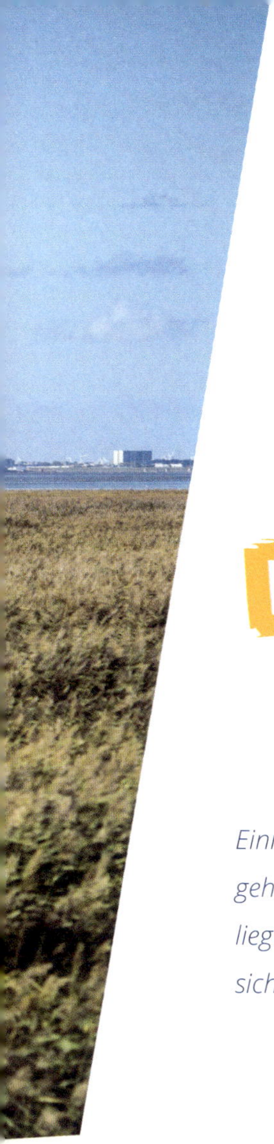

4

ÜBER DIE GRENZE

Von Weener nach Bad Nieuweschans (NL)

Einmal mit dem Rad über die grüne Grenze düsen: Von Weener aus geht es durch die Einsamkeit des Rheiderlandes, das westlich der Ems liegt. An der Mündung gibt es die Chance, Seehunde zu entdecken – und sich mit leckerem Apfelkuchen zu stärken.

KM 27

4 Dyksterhusen
Baden an der Bohrinsel

KM 35

5 De Kiekkaaste
Seehunde sichten

KM 36

6 Bakje Doen
Mit Apfelkuchen stärken

KM 42 » ZIEL

Bahnhof Bad Nieuweschans (NL)

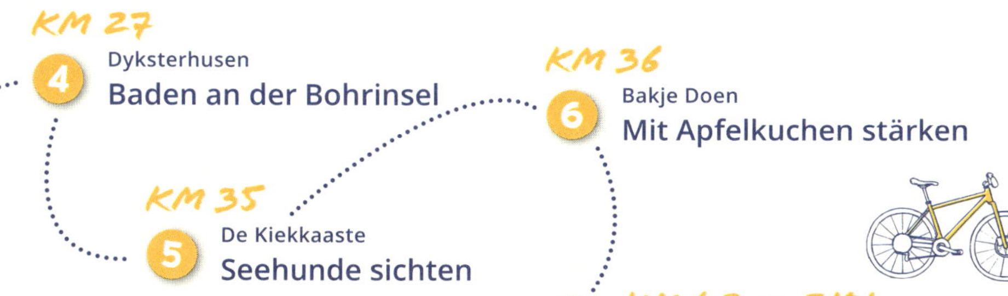

BIS ZUM HORIZONT ...

... reicht der Blick – und würde die Erde sich nicht krümmen, könnte man sogar noch weiter schauen. Nach einem Abstecher zum **Hafen in Weener** bekommt die Natur ihren Raum: Im Naturschutzgebiet Püttenbollen schwirren nicht nur seltene Libellen umher, auch weitere geschützte Tiere und Pflanzen haben dort ihre Heimat gefunden. Wer mag, kann das Rad abstellen und das Moor auf einem Rundweg erkunden.

Der Wald auf der rechten Seite des Weges weicht, der Ort Bunde rückt näher. Spätestens rund um das **Steinhaus Bunderhee** versteht man, was damit gemeint ist, dass Ostfriesen schon morgens sehen, wer am Nachmittag zum Tee kommt: Lose versprengte Häuser säumen die einzige Straße, zwischen ihnen reicht der Blick immer wieder bis zum Horizont, ohne dass auch nur ein Baum im Weg stünde. Wer sich gern vor unliebsamem Besuch versteckt oder frühzeitig Teewasser aufstellen möchte, ist hier im Vorteil.

UNBESCHREIBLICH, DIESES GEFÜHL VON FREIHEIT, WENN DER BLICK BIS ZUM HORIZONT REICHT

Nach einer Pause am **Wynhamster Kolk** ist die Emsmündung in den Dollart nicht weit: Die alte **Bohrinsel Dyksterhusen** ragt schon auf. Die oft nur schlecht ausgebesserte Straße, die außendeichs zur Bohrinsel führt, wird schon mal überschwemmt. Das passiert vor allem im Herbst, man sollte das Wasser aber immer ein wenig im Auge behalten, wenn man nicht Stunden dort verbringen möchte, bis wieder Ebbe ist.

Immer am Deich entlang geht es weiter in Richtung Niederlande. Links schwappt das Wymeerer Sieltief, rechts hinter dem Deich gurgelt das Wasser in der Bucht. Möchte man es unterwegs gern noch einmal grüßen, kann man am Aussichtspunkt Dollart über den Deich blicken, vor dem sich Salzwiesen ausbreiten.

Eindrucksvoll ist die Aussicht am **Kiekkaaste** – und ehe man sichs versieht, ist man in den Niederlanden. Hoi! Das verlangt nach einer Stärkung bei **Bakje Doen**. Danach zieht der Weg sich zwischen weitläufigen Feldern und Wiesen am Wasser der Westerwolder Aa entlang. Dort ist oft nichts zu hören als der Wind, der durch die Speichen streicht. Und dann ist schon der Bahnhof nicht mehr weit. «

RADELN & GENIEßEN

Allein mit dem Rad in der Natur: Auf niederländischer Seite wirkt die Landschaft sogar noch ein wenig weiter als in Deutschland.

START

Bahnhof Weener

Über Am Bahnhof links auf Bahnhofstraße fahren, dann rechts auf Westerstraße und links auf Burgstraße.

KM 2

1 Hafen Weener

Die Zeit anhalten

Das Wasser des Hafenbeckens ruht zwischen den historischen Bauten der Altstadt: Hier stehen Villen, barocke Stadthäuser, Speicher und kleine Arbeiterhäuschen dicht an dicht. Das Becken stammt aus dem Jahr 1570 – und ein bisschen wirkt es, als sei die Zeit dort seitdem langsamer verstrichen als anderswo. Informationstafeln erzählen die Geschichte des Hafens, der immer wieder verschlickt. Einst herrschte reger Handel mit Waren aus der ganzen Welt, und die Rheiderländer nutzten dies, um Bier, Schnaps und Butter auf die Reise zu schicken. Heute ankern im Hafen etliche historische Schiffe.

Wer historische Schiffe sehen möchte, ist im Hafen in Weener richtig.

Über Am Hafen links auf Norderstraße, rechts auf Westerstraße, den grünen Radschildern Richtung Bunde folgen. In Bunde weiter rechts auf Mühlenstraße.

Im Steinhaus kann es einen schon einmal gruseln: In einer der ältesten Burgen Ostfrieslands soll es früher gespukt haben.

KM 11

2

Steinhaus Bunderhee

Geister aufspüren

Ein bisschen sieht man dem Steinhaus sein Alter an, auch wenn es sich gut gehalten hat: Hier steht eine der ältesten Burgen in Ostfriesland. Der ehemalige Häuptlingssitz ist seit dem 14. Jahrhundert weitgehend unverändert geblieben. Damals gab es sogar einen direkten Zugang zum Meer. Eigentlich galten die Friesen als frei und widersetzten sich jeder Form der Herrschaft. Im 13. Jahrhundert setzten sich aber einflussreiche Familien durch, die sich als Häuptlinge bezeichneten und Steinhäuser wie dieses bauten. Einst soll hier nach dem Tod sogar ein liebeskrankes Fräulein auf der Suche nach ihrem Geliebten durch die Räume gegeistert sein. Hübsch für einen Spaziergang ist auch der angeschlossene Park.

Weiter auf Steinhausstraße, dann links auf Deichstraße/ Bunderhammrich/Ditzumerverlaat. Rechts zum Wynhamster Kolk.

KM 22

3

Wynhamster Kolk

Eine Rentner-Mühle besuchen

Lange gab es Uneinigkeit darüber, wo er denn nun liegt, der tiefste Punkt in Niedersachsen: am Freepsumer Meer nordwestlich von Emden oder am Wynhamster Kolk. Inzwischen ist klar, dass es hier mit 2,51 Metern unter Normalnull am tiefsten ist – allerdings nicht in Deutschland, wie es einst hieß. Da setzte sich nämlich ein Ort in Schleswig-Holstein mit 3,54 Metern durch. Am Wynhamster Kolk lag einmal der größte Kolk (See) im Rheiderland. Er entstand, als 1715 ein Seedeich brach und Wasser auf die Weiden strömte. Eine Mühle entwässerte das Gebiet ab 1804 und steht noch immer dort, auch wenn inzwischen ein Schöpfwerk ihre Arbeit übernommen hat.

Weiter auf Ditzumerhammrich. Schildern in Richtung der Bohrinsel folgen.

Der einst tiefste Punkt in Deutschland liegt 2,51 Meter unter Normalnull: Der Wynhamster Kolk mit der Schöpfmühle befindet sich unterhalb des Meeresspiegels.

KM 27

4 Dyksterhusen

Baden an der Bohrinsel

Früher wurde hier nach Erdöl gebohrt. 1964 entdeckte man ein Vorkommen, das aber nicht wirtschaftlich genug erschien, um es auch zu fördern. Die Gerätschaften zogen ab, die aufgeschüttete Plattform blieb. Von dieser kann man den Dollart, also die gesamte Emsmündung, überblicken. Infotafeln informieren über das Wattenmeer und seine Bewohner:innen. Bei Flut kann man vor Ort prima schwimmen und surfen, bei Ebbe wird es schon einmal recht schlickig, und man versinkt bis über die Knöchel im Watt. Der begrünte Teil der alten Bohrinsel eignet sich auch gut als Liegewiese. Im Sommer gibt es an der Bohrinsel einen Container mit Toiletten.

Zurück zum Deich, dann binnendeichs (auf der Landseite) am Deich rechts fahren. Anschließend den Schildern zum Kiekkaaste folgen.

Weit schweift der Blick über das Meer an der alten Bohrinsel in Dyksterhusen.

Mit frischem Kaffee und Kuchen bei Bakje Doen kommt auf niederländischer Seite schnell wieder Schwung in die Beine.

KM 35

5

De Kiekkaaste

Seehunde sichten

Der Kiekkaaste ragt über dem Wattenmeer auf: Hier kann man jede Menge Vögel beobachten – und mit etwas Glück sogar den ein oder anderen Seehund.

Schon von Weitem ist der Kiekkaaste zu sehen, der auf seinen hölzernen Stelzen ein bisschen wie ein kauernder Vogel das Gelände überblickt. Bis zum Beobachtungsturm hat man einen Fußmarsch von etwa zehn Minuten über den Marcelluspfad vor sich. Bereits auf dem Stelzenweg durch das Schilfrohr piepst und flattert es, da hier Teich- und Schilfrohrsänger wohnen. Auch Blaukehlchen und Rohrammern sind eingezogen. Vom Kiekkaaste aus ist das Leben in Watt und Wasser ganz nah: Bei Niedrigwasser suchen Hunderte Watvögel im Schlick nach Nahrung. Bei Flut schwimmt durchaus der ein oder andere Seehund bis an den Turm heran, auch Schweinswale werden gelegentlich gesichtet. Bei sehr starker Flut kann der Fußweg überflutet sein und matschig werden. Also gegebenenfalls lieber fix in die Gummistiefel schlüpfen.

Über die Schleuse fahren, links auf Nieuwe Statenzijl, direkt wieder links fahren.

KM 36

Bakje Doen

Mit Apfelkuchen stärken

Und jetzt ein Kuchen: Appelgebak (Apfelkuchen) schmeckt besonders gut bei Bakje Doen (www.bakjedoen.nl) unten an der Schleuse. Dort bekommt man auch frisch gebrühten Kaffee, Brötchen und weitere leckere Kleinigkeiten. Auf dem kleinen Platz sitzt man direkt am Wasser. Bei Regen oder Wind wird schon mal ein Pavillon aufgestellt. Verkauft wird außerdem Kunst. Die großen Bilder stehen direkt an der Schleuse, die kleineren liegen auf einem Tisch neben dem Verkaufsstand. Übrigens gibt es hier auch eine Toilette.

Zurück zu Nieuwe Statenzijl, nach der Brücke über den Boezemkanal scharf links fahren. Immer am Wasser entlang. In Bad Nieuweschans links abbiegen, dann rechts auf Stationsstraat.

EXTRA INFOS:

Bad Nieuweschans hat eine niedliche Innenstadt mit Lädchen und Cafés. Ein kleiner Bummel lohnt sich. Dafür nicht rechts zum Bahnhof abbiegen, sondern geradeaus und über die Brücke fahren. Im ● **Supermarkt Coop** gibt es Vla (eine Art Pudding), günstigen Kaffee und niederländische Keks- und Lakritz-Spezialitäten.
Einmal auf dem Wasser nächtigen und sich sanft in den Schlaf wiegen lassen: Das ist möglich im ● **Hausboot Animo** im Alten Weeneraner Hafen. Die Sonne lässt sich im Liegestuhl auf dem Vorderdeck genießen, bei Regen gibt es auf dem überdachten Achterdeck frische Luft. Die Anbieter Catharina und Frank-Hilmar Bockhacker (0177/6326933) haben selbst 13 Jahre lang auf ihrem Boot gelebt und sind damit gereist.

Bahnhof Bad Nieuweschans

Alternative: Die gut 13 Kilometer nach Weener an der Bahn entlang mit dem Rad zurückfahren. Durch Bad Nieuweschans, links auf W. Mettingstraat, links auf Europaweg, rechts über den Kanal, rechts auf Charlottenpolder. An der Bahn entlang. In Bunde links auf Neuschanzer Straße und rechts auf die Weenerstraße. Ab da wie auf dem Hinweg zurück durchs Naturschutzgebiet nach Weener.

Der Weg führt mitten durch das Naturschutzgebiet Püttenbollen.

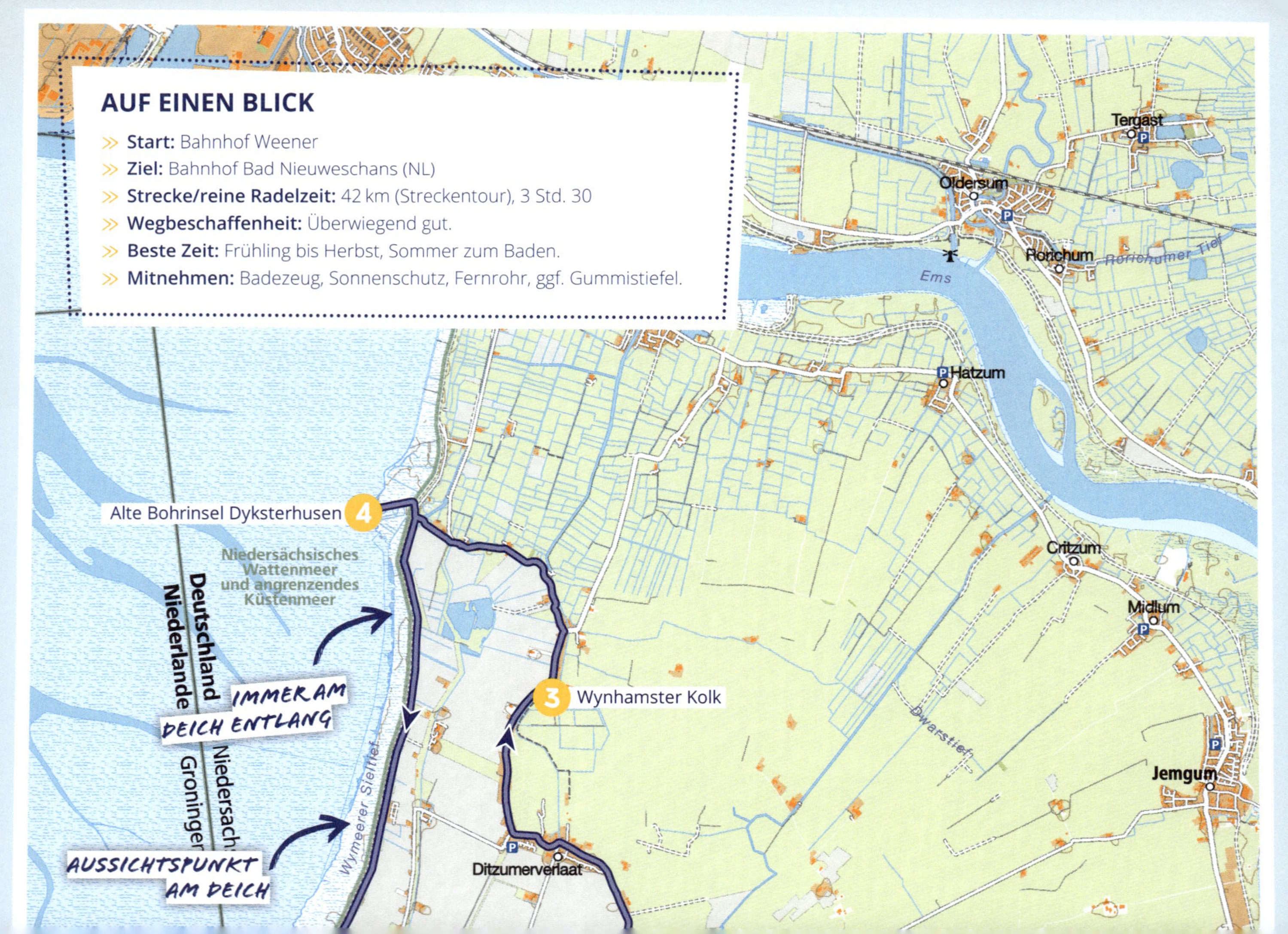
AUF EINEN BLICK
» Start: Bahnhof Weener
» Ziel: Bahnhof Bad Nieuweschans (NL)
» Strecke/reine Radelzeit: 42 km (Streckentour), 3 Std. 30
» Wegbeschaffenheit: Überwiegend gut.
» Beste Zeit: Frühling bis Herbst, Sommer zum Baden.
» Mitnehmen: Badezeug, Sonnenschutz, Fernrohr, ggf. Gummistiefel.
Tergast
Oldersum
Rorichum
Rorichumer Tief
Ems
Hatzum
Critzum
Midlum
Jemgum
Dwarstief
4 Alte Bohrinsel Dyksterhusen
3 Wynhamster Kolk
Niedersächsisches Wattenmeer und angrenzendes Küstenmeer
Deutschland
Niederlande
Niedersachs
Groninger
IMMER AM DEICH ENTLANG
AUSSICHTSPUNKT AM DEICH
Wymeerer Sieltief
Ditzumerverlaat

5 De Kiekkaaste
6 Bakje Doen
DAS WASSER IMMER ZUR SEITE
HIER KANN MAN RICHTIG WEIT GUCKEN
2 Steinhaus Bunderhee
ZIEL Bahnhof Bad Nieuweschans (NL)
Supermarkt Coop
Bad Neuschanz
Bunde
Bunderhee
Dreiburg
Boezemkanaal
Ditzum Bunder Sieltief
Bentumer Sieltief
Swartwolder Kolk
Großsoltborger Sieltief
Dwarstief
Buschfelder Sieltief
Wymeerer Sieltief
Ems
Möhlenwarf
Tichelwarf
Holthusen
1 Hafen Weener
Hausboot Animo
START Bahnhof Weener
Weener
BLICK INS NATURSCHUTZ-GEBIET
A 31
A 280
A7
B 436
P
N
0
1
2 km

DIE RADELPAUSEN

» START
Bahnhof Leer

KM 3
1 Ledasperrwerk
Dem Riesen in den Mund blicken

KM 6
2 Hofladen Dat lüttje Tüütje
Päuschen mit der Henne

KM 12
3 Freizeitsee Grotegaste
Badezeit

Von Leer an der Ems entlang bis Papenburg

Direkt an der Route schieben sich mehrmals im Jahr riesige Schiffe über den Fluss und lassen Menschen, Autos und Häuser wie Spielzeug erscheinen. Die Strecke führt durch idyllische Dörfer und Wiesen nah am Deich zur Meyer Werft in Papenburg.

KM 19

4 Mühle Mitling-Mark

Die Schöne mit den Flügeln entdecken

KM 21

5 Café Kluntje

Ostfriesische Gemütlichkeit erleben

KM 26

6 Besucherzentrum Meyer Werft

Großen Schiffen auf der Spur

Bahnhof Papenburg

DIE EMS VERSTECKT SICH …

… auf dieser Tour gern einmal schüchtern hinter dem Deich, ist aber immer ganz nah. Fast die gesamte Strecke führt direkt am Deich entlang – dadurch ist auch die Richtung klar: Es geht in langgezogenen Kurven gen Süden. Sich zu verfahren ist fast nicht möglich. Und wer die Ems unterwegs einmal vermissen sollte, nutzt einfach eine der zahlreichen Möglichkeiten, um den Deich zu erklimmen und dem Fluss wieder Hallo zu sagen.

Die Tour führt zunächst aus Leer hinaus und am **Ledasperrwerk** über die Leda. Hier klopft die Ems schon einmal zögerlich an, weil das Sperrwerk das Wasser stoppt, das bei ungünstigen Wetterlagen über die Nordsee in die Ems und ins Hinterland drückt.

AN DER SEESCHLEUSE ÖFFNET SICH DER BLICK ÜBER DAS WASSER AUF DAS WERFTGELÄNDE

Wenig später mündet die Leda hinter dem Deich in die Ems – und es ist Zeit für einen kulinarischen Stopp im **Hofladen Dat lüttje Tüütje**. Alsbald geht es weiter auf den Radweg direkt am Deich, der ziemlich einsam ist – zumindest wenn nicht gerade ein Kreuzfahrtschiff überführt wird: Die Meyer Werft produziert in Papenburg gut 40 Kilometer von der Flussmündung entfernt riesige Schiffe, die sich nur mit Mühe über den Fluss schieben lassen.

Apropos Deich: Der rückt nun für kurze Zeit aus dem Blick, weil ein Zwischenhalt am **Freizeitsee Grotegaste** ansteht. Danach folgt die Route weiter dem Fluss auf einem angenehm breiten Radweg. Links grasen Kühe, rechts weiden Schafe – und immer wieder rasen Schwalben vorbei.

Nach Abstechern zur **Mühle Mitling-Mark** und zum **Café Kluntje** geht es immer weiter am Deich entlang. Schon bald kommt das Werksgelände der Meyer Werft mit dem angegliederten **Besucherzentrum** in Sicht. Wer die Schiffe bewundert, sollte sich allerdings nicht täuschen lassen. Seit Jahren gibt es einen Konflikt um die Ems, die für die Überführungen mehrmals vertieft wurde und immer wieder aufgestaut wird. Ein Kompromiss zwischen Wirtschaft und Umweltschutz soll nun dafür sorgen, dass der Fluss zugleich schiffbar und lebendig bleibt. «

Der Weg zieht sich durch die Wiesen am Deich entlang.

Die Kirche in Mitling-Mark liegt direkt an der Route.

Die Meyer Werft in Papenburg ist für ihre Kreuzfahrtschiffe bekannt.

RADELN & GENIEßEN

START

Bahnhof Leer

Rechts halten, über die Gleise, rechts abbiegen und an der Bahn entlangfahren. Links in den Ostermeedlandsweg, dann rechts in den Osseweg und immer geradeaus.

Der Weg führt über das Ledasperrwerk in Leer direkt an den großen Toren vorbei.

KM 3

1

Ledasperrwerk

Dem Riesen in den Mund blicken

Ein bisschen sieht es so aus, als hätte ein Riese gerade den Mund geöffnet: Wie Zähne ragen die Tore des Ledasperrwerks über den Fluss. Das 1954 in Betrieb genommene Sperrwerk, das dem Hochwasserschutz dient, hat insgesamt fünf Tore, jedes davon rund 55 Tonnen schwer und 14 Meter breit. Meistens stehen sie offen – doch wenn Hochwasser von mehr als zwei Metern über Normalnull droht, fahren sie runter, um das Hinterland zu schützen. Bei der Überfahrt sieht man die Tore aus der Nähe. Das 94 Meter lange Bauwerk wirkt aber mit etwas Abstand vom Ufer aus am imposantesten und lässt sich von dort aus auch am besten fotografieren.

Rechts abbiegen. Der Straße weiter folgen, auch wenn an der Eisenbahnbrücke eine kürzere Route links entlang der Bahnstrecke nach Papenburg ausgeschildert ist.

Wohnt hier etwa Peter Lustig oder ist das ein Hofladen? Bei Dat lüttje Tüütje ist man sich nicht ganz sicher – wohl aber, dass der Ort sich prima für eine Pause eignet.

In Grotegaste ist Spaß angesagt: entweder auf dem Mehrgenerationen-Spielplatz oder beim Planschen im Badesee.

BADEZEIT!

KM 6

2 Hofladen Dat lüttje Tüütje

Päuschen mit der Henne

Moment, hat Peter Lustig hier vielleicht einst seinen Bauwagen abgestellt? Oder wie erklärt es sich, dass eine Lichterkette vom Dach baumelt, Keramikhühner auf einer Leiter hocken und direkt daneben eine Kuh zu grasen scheint? In dem charmanten Hofladen, der übersetzt Die kleine Henne heißt, verkauft Familie Willms ihre Esklumer Weideeier aus mobiler Freilandhaltung (www.instagram.com/esklumer_weide_eier). Vorbeireisende können sich in Selbstbedienung auch mit Kaffee, Kuchen, Marmelade und Eis eindecken. Zudem finden sich in dem liebevoll eingerichteten Wagen Köstlichkeiten wie Lavendelzucker und Holunderblütensirup – alles aus der Region und oft sogar selbst hergestellt.

Weiter an der Straße entlang und bei der nächsten Möglichkeit (Kloster Muhde) rechts zum Deich abbiegen. Dem Weg am Deich bis zur Deichstraße folgen und dorthin abbiegen (Schilder nach Ihrhove/Grotegaste).

KM 12

3 Freizeitsee Grotegaste

Badezeit

Hier kräuselt sich nicht nur ein herrlicher See mit Sandstrand und Liegewiese, sondern am Ufer erstreckt sich auch ein barrierefreier Mehrgenerationen-Spielplatz. Das Wasser fällt flach ab und ist im Sommer angenehm warm. Wer mehr Bewegung möchte, kann sich auf dem Spielplatz austoben, etwa auf einer Riesenrutsche, einem Trampolin, einem Spielschiff oder Calisthenics-Fitnessgeräten. Sollte der Magen bereits knurren, bietet der angegliederte Kiosk Kleinigkeiten gegen den Hunger. In dem Gebäudetrakt befinden sich außerdem Toiletten.

Es geht zurück und dann weiter am Deich entlang. Dem Weg bis nach Mitling-Mark folgen, dann über den Fährpad und die Große Stiege in den Ort hinein. Danach rechts über den kleinen Weg zur Mühle.

KM 19

4

Mühle Mitling-Mark

Die Schöne mit den Flügeln entdecken

Direkt am Ufer der Ems liegt das Örtchen Mitling-Mark. In dem idyllischen Warftendorf gibt es etliche historische Häuser zu entdecken, die gut erhalten sind. Überragt werden sie von der reetgedeckten Mühle im Dorfkern. Der einstöckige Galerieholländer gilt als eine der landschaftlich am schönsten gelegenen Mühlen in Ostfriesland. Bereits im 16. Jahrhundert stand in Mitling-Mark eine Mühle, die Korn mahlte und die Bewohner mit Mehl versorgte. Diese brannte jedoch ab und wurde 1843 durch eine neue Mühle ersetzt. Zur funktionsfähigen Windmühle gehören außerdem das Müller- und das Backhaus, die in Kombination miteinander besonders hübsch wirken.

Über den Marker Mühlenweg zurück rechts auf die Marker Straße fahren. Rechts auf den Mitlinger Kirchweg abbiegen und rechts in den Warftweg fahren.

Nicht nur die Mühle in Mitling-Mark, sondern auch der Ort ist einen Zwischenhalt wert.

Wer emsig radelt, hat sich den Kuchen verdient.

KM 21

5

Café Kluntje

Ostfriesische Gemütlichkeit erleben

Was fängt man mit einem alten Pfarrhaus an, das leer steht? Man kauft es mal eben – und überlegt es sich dann. So jedenfalls hat es der Social-Media-Influencer und Ostfriese Wilke Zierden gemacht. Seine erste Idee, das Gebäude in ein Mehrgenerationenhaus zu verwandeln, musste er wegen diverser Vorgaben ziehen lassen. Stattdessen schuf er einen anderen Begegnungsort: das Café Kluntje (www.das-pfarrhaus.com). Hier kommen Menschen aus dem Ort und Reisende zusammen, genießen einen Tee in der ostfriesisch-kreativ eingerichteten Stube oder setzen sich nach draußen in den weitläufigen Garten. Dort unter den Bäumen kann man die selbstgebackenen Kuchen und liebevoll hergerichteten Torten besonders gut genießen. Bei schlechtem Wetter schmeckt es drinnen am Kamin aber mindestens ebenso lecker.

Zurück zur Marker Straße, rechts abbiegen und bei der ersten Möglichkeit wieder zum Deich fahren. Weiter bis zur Seeschleuse, diese überqueren.

Im Café Kluntje genießt man den Schatten der Bäume im Garten.

EXTRA INFOS:

Entlang der Ems gibt es hübsche ● **Rastplätze** mitten in der Natur, die sich für eine gemütliche Pause anbieten.

Nur leicht abseits der Strecke liegt außerdem das Weekeborger ● **Sieltor** an der Klosterstraße: Eine schmale Holzbrücke führt durch den Durchlass im Deich. Man kann durch das Siel hindurchgehen und es sich von innen ansehen. Hier lässt sich Entwässerung aus der Nähe erleben.

KM 26

6 Besucherzentrum Meyer Werft

Großen Schiffen auf der Spur

KM 31 » ZIEL

Bahnhof Papenburg

Da also werden die Kreuzfahrtschiffe gebaut, von denen mehrere pro Jahr über die Ems schippern: In den Ausstellungsbereichen erfahren Interessierte mehr über den Schiffbau in Papenburg von den ersten Torfkähnen bis hin zu Kreuzfahrtschiffen. Als Highlight sehen sie, wie ein Kreuzfahrtschiff gebaut wird – und zwar live: Das Besucherzentrum ermöglicht einen Panoramablick in die Produktionshalle. Hier kann man ganz entspannt anderen bei der Arbeit zuschauen. Achtung: Tickets unbedingt vorher unter www.besucherzentrum-meyerwerft.de buchen! Doch auch ohne Karte kann man über den Parkplatz bis zum Eingang der Werft fahren und eine großzügige Runde über den geschotterten Parkplatz am Werfthafen drehen, um sich einen Eindruck zu verschaffen.

Zurück zur Seeschleuse, dann geradeaus auf den kleinen Weg zum Jachthafen fahren. Von dort über die Seeschleusenstraße rechts auf den Wehrdeich radeln. Die Straße wird Zur Seeschleuse, dieser bis zur Bahnhofstraße folgen.

Im Besucherzentrum der Meyer Werft erfährt man, wie Kreuzfahrtschiffe gebaut und über die schmale Ems zum Meer geschippert werden.

Leer
Bahnhof Leer
START
LOGA
KRÄFTIG TRETEN, ES GEHT KURZ BERGAUF
Plytenberg
Handelshafen
Industriehafen
Leda
LEERORT
Festung Leerort
1 Ledasperrwerk
Esklum
2 Hofladen Dat lüttje Tüütje
HUI: DEN DEICH HINABROLLEN
Polderkanal
B 70
hübsche Pausenstation
Coldam
Ems
Bingum
Mühder Sieltief
Kirchborgum
Driever
gemütlicher Rastplatz
B 436
Middelstenborgum
Ferstenborgum
begehbares Sieltor
Dorenborg
Lütjegaste
3 Freizeitsee Grotegaste
Grotegaste
Badesee Grotegaste
Breinermoor
Moorhusen
Folmhusen
B 438
Ihrhove
Klinge
Coldemüntje
Friesenfähre
Weener
Buschfelder Sieltief
Dwarstief
Weenermoor
Sankt Georgiwold
Böhmerwold
Holtgaste
Soltborg
Badesee Holtgaste
Swartwolder Kolk
Großsoltborger Sieltief
A 31
Bingumgaste

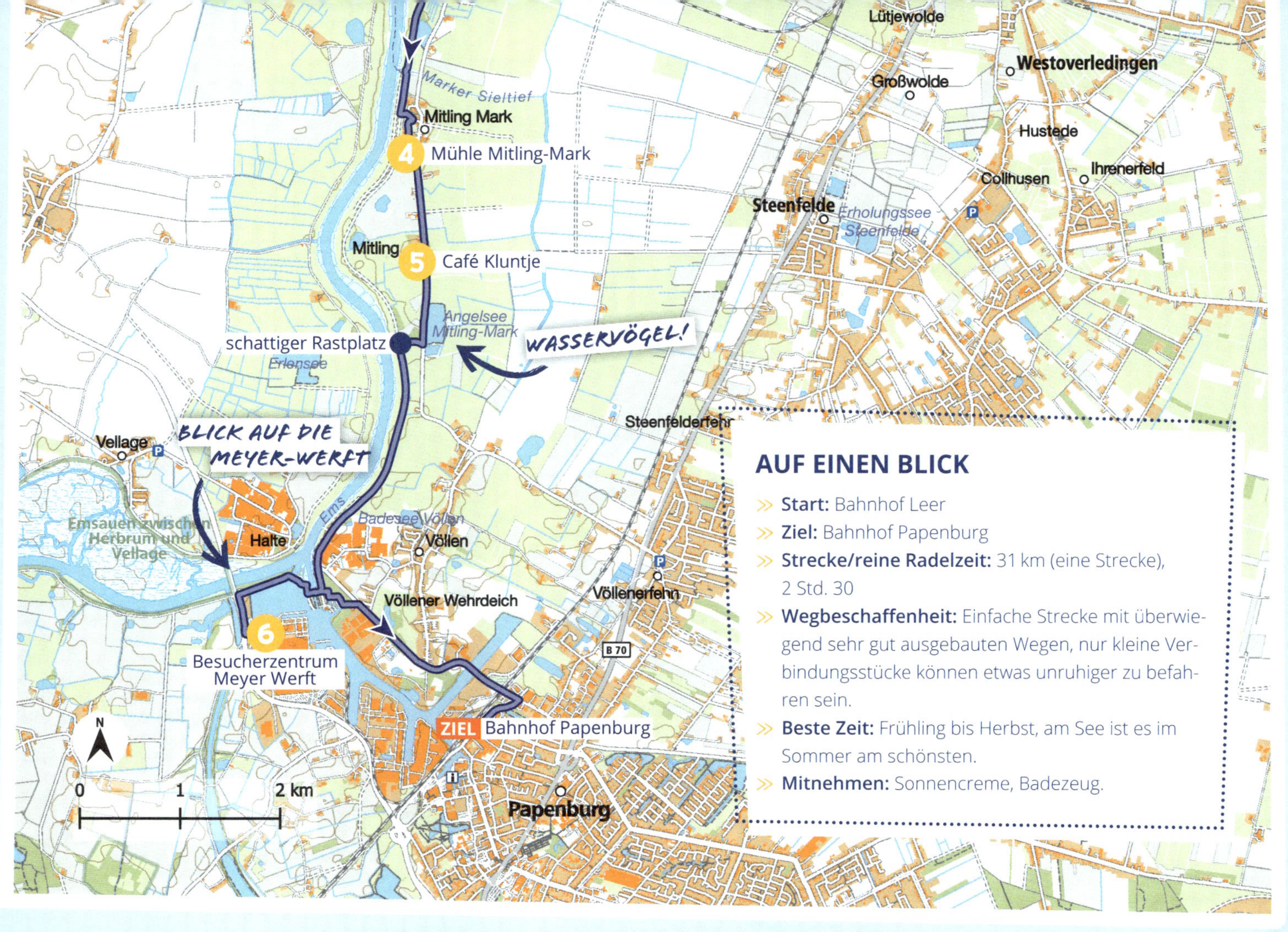

AUF EINEN BLICK

- **Start:** Bahnhof Leer
- **Ziel:** Bahnhof Papenburg
- **Strecke/reine Radelzeit:** 31 km (eine Strecke), 2 Std. 30
- **Wegbeschaffenheit:** Einfache Strecke mit überwiegend sehr gut ausgebauten Wegen, nur kleine Verbindungsstücke können etwas unruhiger zu befahren sein.
- **Beste Zeit:** Frühling bis Herbst, am See ist es im Sommer am schönsten.
- **Mitnehmen:** Sonnencreme, Badezeug.

DIE RADELPAUSEN

» START
Bahnhof Leer

KM 5
1 Jann-Berghaus-Brücke
In die Ferne blicken

KM 15
2 Kirche Midlum
Einmal schief gucken

KM 24
3 Fischhaus Ditzum
Zum frischen Fisch flitzen

6 DEM WASSER IMMER NAH

Mit Rad und Fähre von Leer nach Emden

Ostfriesland in einer Tour zusammengefasst: Hier ist alles zu sehen, was zu einem entspannten Ausflug in die Region gehört. Es gibt reichlich Gewässer, Deiche, Schafe, kleine Örtchen, Fisch – und eine Überfahrt mit der Fähre.

KM 26

4 Siel Petkum
Den Ausblick genießen

KM 29

5 Emssperrwerk
Die Kraft des Wassers spüren

KM 41

6 Museumsschiffe
Alte Schönheiten bewundern

KM 42 » ZIEL
Bahnhof Emden

MANCHMAL VERSTECKT ES SICH, ...

... aber meistens ist das Wasser ganz nah. Es geht über die fast 200 Meter lange Seeschleuse, die den Leeraner Hafen über Leda und Ems mit der Nordsee verbindet. Danach führt die **Jann-Berghaus-Brücke** über die Ems ins Rheiderland. Hier kann man richtig weit blicken, und nach einem Abstecher durch Bingum geht es immer am Deich entlang.

Nun gilt es, einige Viehgitter mit dem Rad zu überwinden und stoische Schafe zu umkurven, die gern einmal mitten auf dem Weg liegen. Etwas aufpassen sollte man, weil dort ab und an nähere Bekanntschaft mit ihren Hinterlassenschaften droht. Wenn rechts die Schornsteine der alten Ziegelei in den Himmel ragen, ist es an der Zeit, dem Deich kurz Lebewohl zu sagen und einen Abstecher zur **Kirche Midlum** mit ihrem schiefen Glockenturm zu unternehmen.

DIE FÄHRE TUCKERT LOS UND SCHON GEHT ES HINAUS AUF DIE EMS

Bald geht es weiter am Deich in Richtung Ditzum. Dort drängen sich Häuschen und kunstvoll gestaltete Gärten um die Gässchen, und rund um den Ortskern an der Mühle werden selbstgemachte Marmeladen, Likör und Stockrosensamen in Selbstbedienung verkauft. Nach einer Stärkung im **Fischaus Ditzum** tuckert die kleine und günstige Fähre über die Ems nach Petkum. Auf der rund 20-minütigen Fahrt hat man einen herrlichen Blick auf Emden und Ditzum. Auch das **Emssperrwerk** ist schon in Sicht, das man vom **Siel Petkum** aus erreicht.

Danach gluckert mit dem Ems-Seitenkanal ein weiteres Gewässer neben dem Rad. Der Weg wird nun schon mal etwas wilder, und mancher Ast ragt in die rechte Spur, aber dafür ist es dort idyllisch abgelegen. Eindrucksvoll ist danach die Konverterstation am Wykhoffweg, in der Strom aus den Windparks auf See umgewandelt und ins Netz an Land eingespeist wird.

Was wäre der Weg ohne Gewässer? Über das Fehntjer Tief radelt man gleich zweimal, außerdem noch über den Borssumer Kanal und den Verbindungskanal. Dann ist bereits die Emder Innenstadt in Sicht, wo es nach einem Zwischenhalt bei den **Museumsschiffen** zum Bahnhof geht. «

Mein Weg oder dein Weg? Hier haben die Schafe im Zweifel immer den Vortritt.

Kräftig treten: In der flachen Landschaft genießt man den Rückenwind. Oft pustet es allerdings von vorne – und dann ist Beinkraft gefragt.

Blick übers Wasser: Von der Fähre aus scheint der Emder Hafen ganz nah zu sein.

RADELN & GENIEßEN

Bahnhof Leer

Geradeaus durch den Kreisel, dann links. Weiter auf der Sägemühlenstraße und An der Seeschleuse, dann links über B 436.

Wie ein dicker Strich schiebt sich die Jann-Berghaus-Brücke durch die Landschaft. Von oben ist die Aussicht prima.

KM 5

1 **Jann-Berghaus-Brücke**

In die Ferne blicken

Von Weitem könnte man sie fast für ein Hochhaus halten, wenn sie aufgeklappt ist: Die Jann-Berghaus-Brücke ist eine der größten Klappbrücken Europas. Ihre westliche Klappe ragt mit 63 Metern auf wie ein Turm. Dagegen wirkt die andere Klappe mit ihren 21 Metern fast winzig. Dort fehlte Platz für ein Gegengewicht, sodass zwei Hydraulikzylinder das kleinere Teil allein bewegen müssen. Sie haben eine Hubkraft von rund 370 Tonnen – statt des Brückenteils könnte man damit auch 150 ausgewachsene Elefanten oder vier Blauwale hochheben, falls einmal Bedarf bestehen sollte. Im Jahr schippern hier rund 10 000 Schiffe durch. Eine Ausstellung an der Seite informiert über die Brücke. Beim Überqueren blickt man weit über die Ems und die Umgebung.

Über die Brücke, rechts auf Am Bingumer Deich. Nach dem Großsoltborger Sieltief rechts zum Deich fahren, dann links am Deich entlang. Links auf den Teelkeweg, dann rechts auf Midlumer Straße und Denkmalstraße.

KM 15

2 Kirche Midlum

Einmal schief gucken

Schief, schiefer, der Glockenturm in Midlum: Schon beim Bau, der wahrscheinlich noch vor dem Jahr 1300 stattfand, gab es auf dem weichen Untergrund wohl erste Probleme, zumindest wurden die Mauern schon damals korrigiert. Der Turm hat eine Neigung von 6,74 Grad und hätte damit gute Chancen, der schiefste Turm der Welt zu sein. Allerdings ist dafür seine Grundfläche im Verhältnis zur Höhe von 14 Metern zu groß. Deshalb ist er aus offizieller Sicht nicht turmig genug – und dadurch reicht es nicht für den Rekord. Stattdessen gilt er nun einfach als schiefster Glockenturm der Welt. Hübsch ist auch die Kirche selbst, die aus dem 13. Jahrhundert stammt.

Über den Steinweg zurück, weiter am Deich. Über Zum Emsdeich, auf die Sielstraße rechts, über Pfefferstraße, Ditzumer Hofstraße und Mühlenstraße und links über die Kirchstraße zum Hafen.

Da neigt sich doch jemand zur Seite: Der freistehende Glockenturm in Midlum ist ordentlich schief.

Viel frischer geht es nicht: Das Fischhaus in Ditzum verkauft fangfrischen Fisch. Der lässt sich auf der Außenterrasse oder direkt am Hafen genießen.

KM 24

3 Fischhaus Ditzum

Zum frischen Fisch flitzen

Mit Blick auf den Hafen Fangfrisches genießen: Im Fischhaus Ditzum (www.fischhaus-ditzum.de) gibt es Fisch in so ziemlich jeder denkbaren Zubereitung. Die Inhaberfamilie arbeitet schon seit vielen Generationen am und im Hafen in Ditzum, und bei Fisch macht ihr niemand etwas vor: Ob Scholle, Butt, Kabeljau oder Seelachs, als Krabben mit Nudeln, Kibbeling oder als Fischbrötchen – auf der Speisekarte dürfte jeder Gast etwas finden. Ein Klassiker ist der geräucherte Aal. Wer lieber direkt am Hafen oder auf dem Deich essen möchte, kann sich auch einfach etwas zum Mitnehmen bestellen.

Zur Fähre, die gut 20 Meter weiter abfährt. Achtung: Bei Niedrigwasser legt die Fähre hinter der Bootswerft Bültjer ab. Rechts abbiegen, dann direkt wieder rechts in Am Hafen einbiegen (www.in-ditzum.de/faehren.php).

Die starken Tore des Emssperrwerks trotzen den Kräften des Wassers.

KM 26

4 Siel Petkum
Den Ausblick genießen

Von dem Gebäude aus, das am Siel in Petkum steht, hat man einen der schönsten Ausblicke über den Deich auf Emden im Westen, das Emssperrwerk im Osten, Ditzum im Süden und das Siel im Norden. Auf dem Dach verraten Infotafeln jede Menge über Entwässerung, Deichbau und Siele – und zeigen, wie anders Ostfriesland ohne Deiche aussehen würde. Hier erfährt man auch, wie ein Deich aufgebaut ist, warum Kaninchen und Maulwürfe dort unerwünscht sind und welche Rolle Schafe dabei spielen, einen Deich zu schützen.

Direkt am Ufer am Deich entlang zum Sperrwerk radeln.

Idyllische Aussicht: Am Siel in Petkum lohnt sich ein Päuschen.

KM 29

5 Emssperrwerk
Die Kraft des Wassers spüren

Das Sperrwerk mit seinen gelben Stahlgittern, die die Tore verstärken, ist kaum zu übersehen. Erst aus der Nähe bekommt man aber einen Eindruck davon, wie groß es wirklich ist: Die Ufer der Ems liegen an dieser Stelle rund einen Kilometer weit auseinander, und das 476 Meter lange Sperrwerk muss große Kräfte aushalten, wenn die Flut gegen die Tore drückt. Geschlossen wird es zum Schutz vor Hochwasser im Hinterland, wenn die Flut deutlich höher als normal aufläuft. Insbesondere dann, wenn Kreuzfahrtschiffe der Meyer Werft in Papenburg überführt werden, schließt es und staut die Ems, damit ausreichend Tiefgang möglich ist. Infotafeln informieren über das Sperrwerk – und bei Bedarf gibt es auch öffentliche Toiletten.

Über den Deich, an der Petkumer Straße links, Schildern Richtung Emden folgen. Am Herrentor links fahren, weiter auf Lienbahnstraße und rechts auf An der Bonnesse.

6 Museumsschiffe
Alte Schönheiten bewundern

Das Feuerschiff Amrumbank/Deutsche Bucht ist wegen der knallroten Signalfarbe kaum zu verfehlen. Daneben dümpeln der Seenotrettungskreuzer Georg Breusing und der Herlingslogger AE7 Stadt Emden im Wasser. Alle waren einst im Dienst und liegen nun als Museumsschiffe am Alten Ratsdelft, dem alten Binnenhafen in Emden. Hier kann man am Ufer stehen und von der Ferne träumen. Das Feuerschiff (www.amrumbank.de), das als eine Art schwimmender Leuchtturm diente, lag an unterschiedlichen Positionen vor Anker, zuletzt 1983 in der Deutschen Bucht. Interessierte dürfen unter anderem den Maschinenraum besichtigen, der noch voll funktionsfähig ist. An Bord gibt es außerdem ein Kajüten-Restaurant, das sich auf Fisch spezialisiert hat und etwa Muscheln, Labskaus, Matjes und Krabbensuppe serviert.

Über die Neutorstraße fahren, links auf Agterum, Schildern Richtung Bahnhof folgen.

EXTRA INFOS:

Angenehm aufhalten kann man sich in der Denkmalstraße an der Kirche in Midlum: Dort steht nicht nur eine ● **Bücherzelle** zur Selbstbedienung, sondern ● **Annette Blumenhofer** (www.keramik-blumenhofer.de) vertreibt dort auch ihre selbstgestalteten Kunstwerke aus Keramik und Raku-Ton – und hat gleich ihren Vorgarten damit gestaltet.

KM 42 » ZIEL

Bahnhof Emden

Das knallrote Feuerschiff ist eines der Wahrzeichen der Stadt Emden.

Twixlum
Friesenhügel 21
A 31
Emden
Bahnhof Emden ZIEL
Museumsschiffe 6
ES GEHT HOCH HINAUF
Bansmeer
A 31
Petkumer Sieltief
Fehntjer Tief
Emder Hafen
Jarßum
Widdelswehr
Ems-Seitenkanal
Eems / Ems
Siel Petkum 4
HERRLICHE AUSSICHT AUF DIE EMS
5
Pogum
Emssperrwerk
Fischhaus Ditzum 3
Ditzum
Nendorp
Oldendorp
Niedersächsisches Wattenmeer und angrenzendes Küstenmeer
Groote Gat
Deutschland Niedersachsen
Groningen Niederlande
Ditzumerverlaat
Boezemkanaal
Westerwoldsche Aa
Ditzum-Bunder Sieltief
Dreiburg
N
0 1 2 km

AUF EINEN BLICK

» **Start:** Bahnhof Leer
» **Ziel:** Bahnhof Emden
» **Strecke/reine Radelzeit:** 42 km (Streckentour), 3 Std. 30
» **Wegbeschaffenheit:** Entspannte Strecke mit kleinen Herausforderungen am Deich und am Ems-Seitenkanal.
» **Beste Zeit:** Frühling bis Herbst.
» **Mitnehmen:** Sonnencreme.

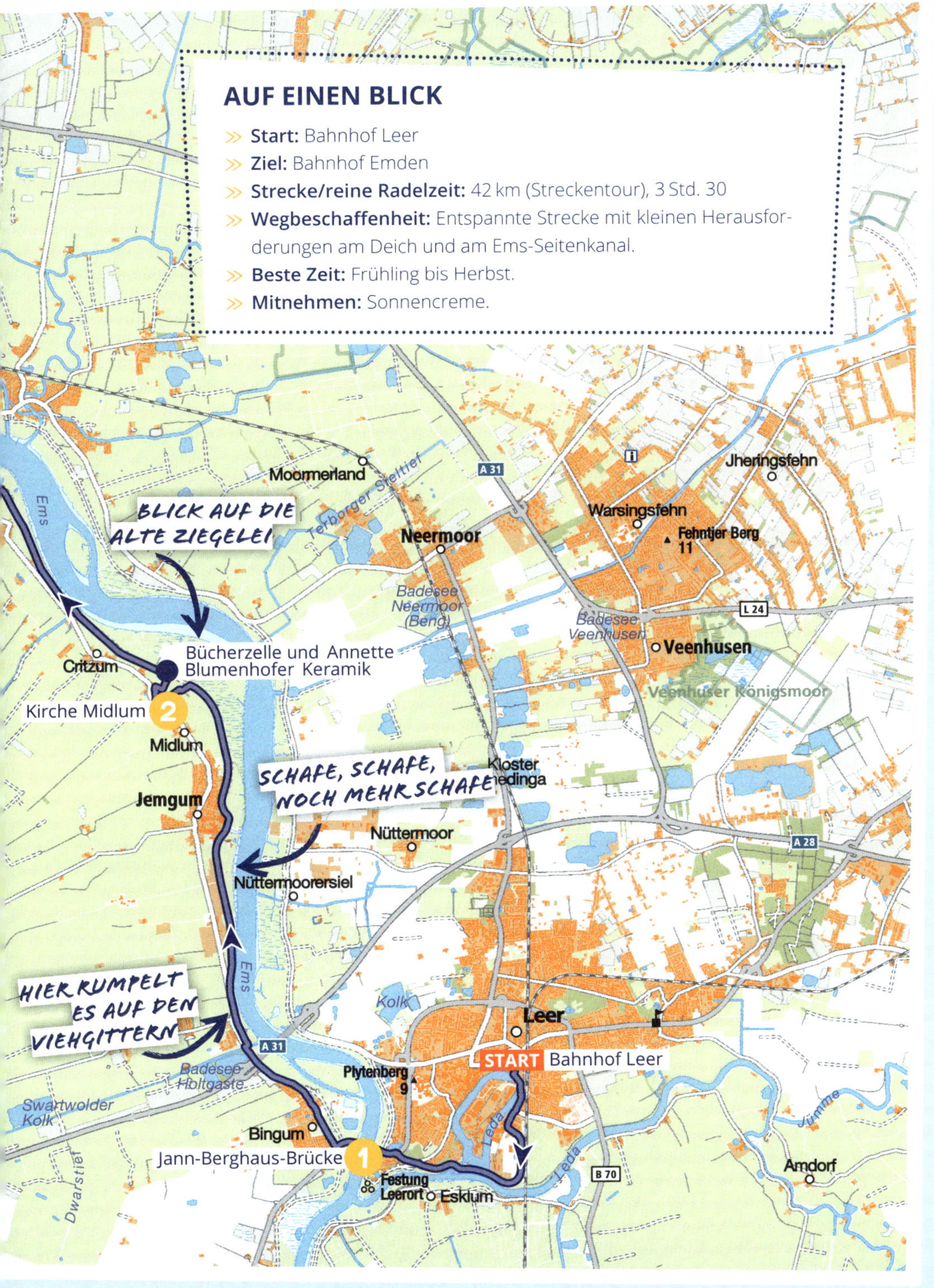

DIE RADELPAUSEN

» START
Bahnhof Emden

KM 3
1 Kesselschleuse
Es geht rund

KM 8
2 Milchtankstelle
Kleine Stärkung unterwegs

KM 16
3 Bootshaus
Pause am Wasser

7 DAS SCHIEFE IM GERADEN

Von Emden ans Große Meer und nach Suurhusen

Das Große Meer ist herrlich ruhig, ein Paradies für Wasservögel, und es gilt, auf handgezogenen Pünten zwei Wasserläufe zu überqueren. Danach rückt ein sehr schiefer Kirchturm in den Blick.

KM 19

4 Paddel- und Tretbootstation
Raus auf den See

KM 25

5 Vogelbeobachtungs-Plattform
Bei der piept es wohl

KM 35

6 Schiefer Turm
Neigung spüren

KM 44 » ZIEL

Bahnhof Emden

VERRÜCKT, DIESE OSTFRIESEN!

Was Meer heißt, ist eigentlich ein See. Und das eigentliche Meer nennen sie wiederum See, Nordsee zum Beispiel. Wie auch immer: Das Große Meer ist jedenfalls kein echtes Meer, sondern ein großer See. Und der liegt 1,4 Meter unter dem Meeresspiegel und lockt jede Menge Wasservögel an.

KURBELN, KURBELN, DAMIT DIE VON HAND ANGETRIEBENE PÜNTE ÜBER DAS WASSER GLEITET

Doch noch ist der See nicht in Sicht: Vom Bahnhof aus geht es zunächst einmal ins Grüne über den Emder Wall. Die alte Verteidigungsanlage hat ihre ursprüngliche Funktion verloren und lässt sich mit dem Rad erkunden. An der **Kesselschleuse** fährt man weiter an den Ems-Jade-Kanal. Der leicht geschotterte Weg ist gut in Schuss – und sollte sich doch einmal ein Steinchen in den Reifen verirren, naht eine Rad-Servicestation, an der man selbst für Abhilfe sorgen kann. Nach einer Stärkung an der **Milchtankstelle** rückt das Große Meer näher.

Nun ist Armkraft gefragt: Es gilt, das Marscher Tief mit einer Pünte zu überqueren. Die Fähre ist an einem Seil befestigt und bewegt sich übers Wasser, wenn man kräftig kurbelt. Also drehen, drehen, drehen! Danach tastet der Weg sich am Großen Meer entlang, kommt dem Gewässer mit seinen Schilfgürteln aber noch nicht ganz nah.

Dafür gibt es im **Bootshaus** jetzt erst einmal eine Stärkung. Die ist auch nötig, weil schon die nächste Pünte naht: Das Marscher Tief kreuzt den Weg erneut. Uff! Doch danach ist das Große Meer tatsächlich erreicht. Die kleine Aussichtsplattform an der Pünte bietet die Möglichkeit, sich einen Überblick zu verschaffen und die ersten Wasservögel zu beobachten. Bei einer **Tretbootfahrt** sind Wasser und Vögel dann ganz nah.

Nach der **Aussichtsplattform** rückt das Große Meer langsam wieder in die Ferne. Wer mag, nimmt noch eine weitere Stärkung an der Milchtankstelle zu sich, anschließend geht es durch Wiesen und Felder. Schon von Weitem rückt der **schiefe Turm** der Kirche in Suurhusen in den Blick. Von dort geht es schließlich an der Wasserburg Hinta vorbei wieder in Richtung Emden bis zum **Emder Bahnhof**. «

Auf den breiten Wegen kommen Radelnde sich nicht in die Quere.

Die Ferienhäuser sind bunt in die Landschaft gekleckst.

Weiter Himmel, flache Landschaft: Hier kann man richtig weit gucken.

RADELN & GENIEẞEN

» START

Bahnhof Emden

Am Bahnhofsplatz zwischen Post und Polizei bis zum Stadtgraben fahren, rechts abbiegen und dem Wasser folgen. Bei der ersten Möglichkeit an der Abdenastraße links in die Wallanlagen abbiegen und den Wall entlangfahren.

Einzigartig in Europa: die kreisrunde Kesselschleuse in Emden.

KM 3

Kesselschleuse

Es geht rund

JETZT NUR NICHT DEN ÜBERBLICK VERLIEREN

Nord, Süd, Ost oder West – in welche Richtung darf es weitergehen? Da kann man schon einmal kurz den Überblick verlieren, denn die Emder Kesselschleuse verbindet vier Gewässer miteinander: den Ems-Jade-Kanal, das Fehntjer Tief, den Emder Stadtgraben und das Rote Siel, das über den Falderndelft bis zum Emder Hafen reicht. In Europa ist die Bauweise mit dem kreisrunden Kessel in der Mitte einzigartig. Die mehr als 140 Jahre alte Schleuse steht unter Denkmalschutz. Weil jedes Gewässer einen anderen Pegel hat und es Höhenunterschiede von bis zu 2,50 Metern zu überwinden gilt – das Fehntjer Tief und der Emder Stadtgraben liegen deutlich tiefer als die beiden anderen Kanäle –, erwies sich die Lösung mit der kreisrunden Schleusenkammer, in die alle vier Wasserstraßen münden, als clevere Idee.

Welche Ausfahrt darf es sein? An der Kesselschleuse in Emden schwappt das Wasser in vier verschiedene Richtungen.

Es geht an der östlichen Kammer der Kesselschleuse zum Ems-Jade-Kanal und an diesem entlang.

An der Milchtankstelle gibt es eine Stärkung: Milch, Kaffee, Eis – oder lieber gleich Grünkohl im Glas?

KM 8

2

Milchtankstelle

Kleine Stärkung unterwegs

Wasser, Wasser, Wasser überall, doch nichts zu trinken: So kann sich diese Tour schon einmal anfühlen, wenn erst Stadtgraben, dann die Schleuse und schließlich der Ems-Jade-Kanal einen begleiten. Trinkbar ist das Wasser nicht gerade. Doch Abhilfe naht: Bei der Milchtankstelle Emder Landmilch wartet eine Stärkung für Durstige und Hungrige. Hier kann man Eis schlecken und regionale Spezialitäten wie hausgemachten Grünkohl im Glas, selbstgemachte Leberwurst sowie viele weitere Produkte entdecken. Wer etwas davon als Souvenir mitnehmen möchte, sollte sich aber noch etwas gedulden und das Gewicht sparen – auf dem Rückweg führt die Route hier erneut vorbei.

Weiter am Ems-Jade-Kanal, links in den Woldenweg, dann links in den Dreeskeweg. Den 3-Meere-Weg-Schildern folgen: Direkt nach dem Heikeschloot links abbiegen und mit der Kurbelfähre übersetzen. An der Hieve entlang bis zum Woldenweg, rechts abbiegen, bei der nächsten Möglichkeit links fahren.

KM 16

3

Bootshaus

Pause am Wasser

Nachdem so viel Bein- und Armkraft gefordert war, ist eine weitere Stärkung wohlverdient: Das Bootshaus (www.hotel-bootshaus.com) liegt etwas seitab an einer Brücke über das Marscher Tief, ist aber schon von Weitem durch seine schwedenrot getünchte Holzfassade auszumachen. Hier lassen sich regionale Leckereien wie Greetsieler Krabbensuppe, Emder Matjes oder ostfriesischer Snirtjebraten genießen. Am besten schmeckt es auf der Holzterrasse unter Bäumen, die direkt am Wasser liegt. Aber auch drinnen ist es hübsch, rustikal und liebevoll eingerichtet: Viele der Holzbalken stammen aus alten Scheunen, und Dekorationsstücke wie Steuerräder und eine Schiffsglocke zeigen die Verbindung zum Wasser.

Weiter auf dem 3-Meere-Weg, über die Kurbelfähre und dann immer am Wasser entlang.

Das Bootshaus liegt idyllisch am Knockster Tief, einem Ausläufer des Großen Meeres.

Bei rauem Wetter kann man schon einmal in Schieflage geraten. Aber keine Sorge: Das Große Meer ist maximal einen Meter tief.

KM 19

4 Paddel- und Tretbootstation
Raus auf den See

Von der Paddel- und Pedalstation aus, die am Weg direkt am Ufer liegt, geht es raus aufs Wasser. Kleine Wellen plätschern ans Boot, ab und an paddelt ein Haubentaucher vorbei: Das Große Meer lässt sich nicht nur vom Ufer, sondern auch vom Wasser aus erkunden. Während sich das Tretboot in gemächlichem Tempo über das Wasser bewegt, sieht man Schilfgürtel und gelegentlich ein paar Surfer. Diese Ruhe! Auf dem See sind Motorboote verboten. Keine Sorge, falls es doch einmal über Bord gehen sollte. Das Große Meer ist nur 40 Zentimeter bis maximal einen Meter tief, also alles andere als bodenlos.

Weiter auf dem 3-Meere-Weg. Dieser verlässt für kurze Zeit das Große Meer, macht aber noch einen Schlenker zurück.

5 Vogelbeobachtungs-Plattform
Bei der piept es wohl

Zunächst gilt es, einige Stufen zu bewältigen – aber die Aussicht ist alle Mühe wert: Die Vogelwelt liegt einem wörtlich zu Füßen. Von oben reicht der Blick über den nicht zugänglichen Südteil des Großen Meers und den Lebensraum vieler Wiesenvögel bis nach Emden. Tafeln verraten, welche Arten hier leben – und mit dem Fernglas, das auf dem Turm installiert ist, kann man Blaukehlchen, Uferschnepfen, Rohrschwirlen, Sumpfohreulen, Rohrweihen, Kornweihen und Rohrdommeln fast bis ins Nest blicken.

Weiter auf dem 3-Meere-Weg, an der Kreuzung mit dem Dreeskeweg auf dem Woldenweg bleiben. Zurück zum Ems-Jade-Kanal, nach der Milchtankstelle rechts in den Treckweg und den Schildern in Richtung Suurhusen folgen.

Welcher Vogel flattert denn da? Die Tafeln auf der Vogelbeobachtungs-Plattform helfen bei dieser Frage weiter.

Schief, schiefer, am schiefsten: Der Turm in Suurhusen hat eine Neigung von 5,19 Grad.

KM 35

6 Schiefer Turm
Neigung spüren

Nanu, sitzt die Brille etwa schief? Oder ist der tatsächlich so schräg? Schon aus der Ferne sieht man den Turm der Kirche in Suurhusen, der sich lässig vom flacheren Gebäudeteil wegzulehnen scheint. Den Schiefen Turm von Pisa hat er längst geschlagen: Mit einem Neigungswinkel von 5,19 Grad hat er es 2007 als schiefster Turm der Welt ins Guinness-Buch der Rekorde geschafft – auch wenn es inzwischen einen Kirchturm gibt, der noch ganze 0,23 Grad schiefer steht. Warum er so schief ist, erklärt sich so: Er wurde um das Jahr 1450 auf Eichenstämmen errichtet. Vor rund 100 Jahren wurde das Land trockengelegt – und damit auch die Eichenstämme. Sie vermoderten und konnte das Gewicht des Turms nicht mehr tragen. In den 1980er-Jahren wurde das Fundament verstärkt, damit er sich nicht noch weiter neigt.

Nach links zurück, rechts in die Suurhuser Straße abbiegen. Links in Osterhuser Straße, links in Brückstraße, rechts auf Landesstraße und sofort wieder links in die Kanalstraße. Über die Autobahn, am Sportplatz links in den Franekerweg und rechts an der Bahn entlangfahren.

EXTRA INFOS:

21 Stationen informieren am Großen Meer über den See und seine Bewohner: Interessierte können etwa Vögeln die passenden Stimmen zuzuordnen, ein überdimensionales Nest erklimmen oder bei einer Piepshow sehen, welche Nester die unterschiedlichen Vogelarten bauen.

Manche Menschen sollen schon in einem Fass die Niagarafälle überquert haben – da ist es aber deutlich entspannter, in einem ● **Schlaffass** am Wasser zu nächtigen, und das mit Panoramablick auf das Große Meer. Infos unter www.hlgm.de/schlaffaesser

KM 44 » ZIEL

Bahnhof Emden

Warum nicht auch einmal im Fass schlafen? Am Großen Meer kann man es sich hier gemütlich machen.

AUF EINEN BLICK

- **Start/Ziel:** Bahnhof Emden
- **Strecke/reine Radelzeit:** 44 km (Rundtour), 3 Std. 30
- **Wegbeschaffenheit:** Überwiegend sehr gut ausgebaute Wege, auf kürzeren Abschnitten feinkiesig.
- **Beste Zeit:** Im Frühling, wenn die Küken der Wasservögel auf dem See unterwegs sind.
- **Mitnehmen:** Sonnencreme, Fernglas, Insektenschutzmittel.

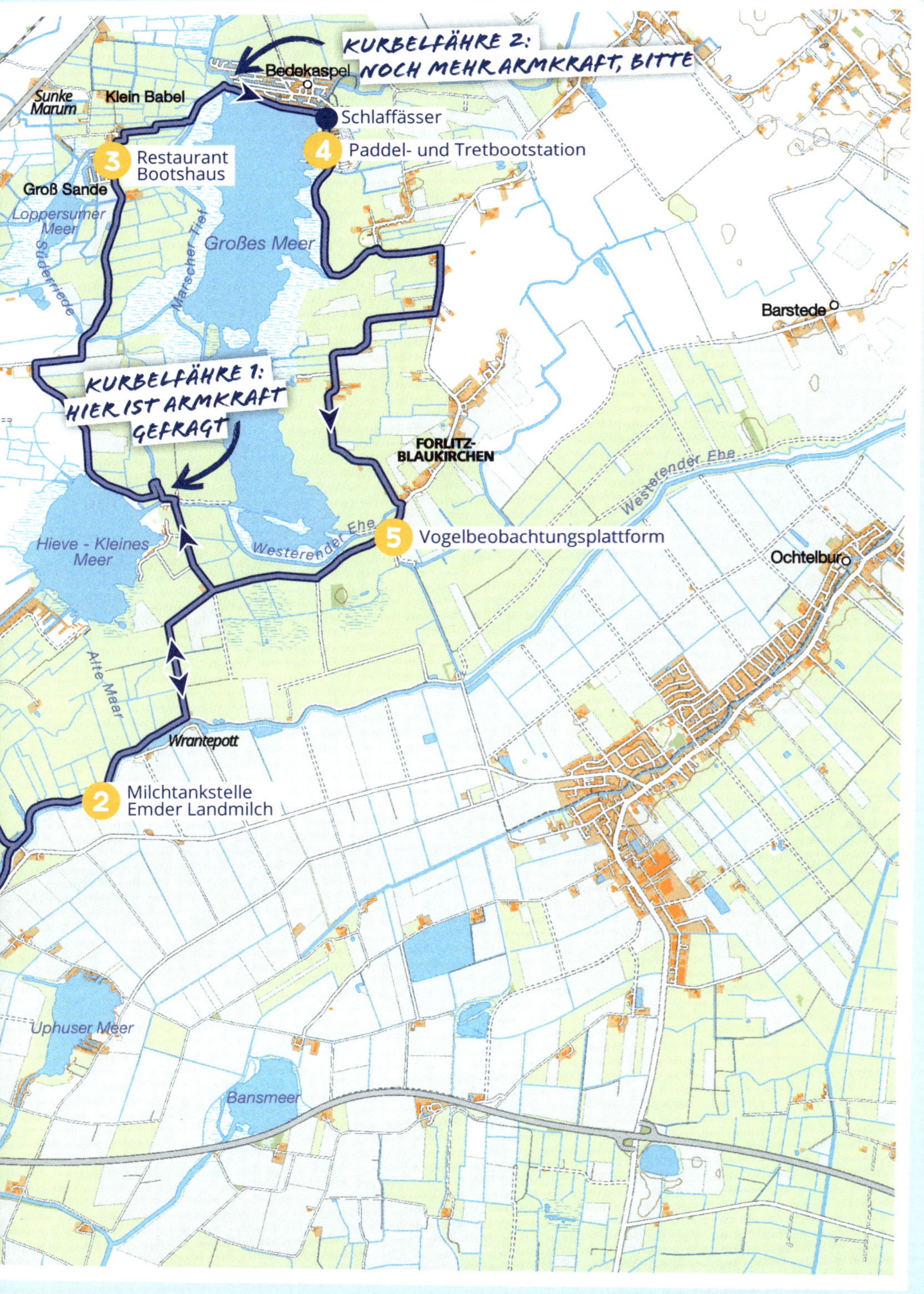

KURBELFÄHRE 2: NOCH MEHR ARMKRAFT, BITTE
Bedekaspel
Schlaffässer
Sunke Marum
Klein Babel
3 Restaurant Bootshaus
4 Paddel- und Tretbootstation
Groß Sande
Loppersumer Meer
Süderriede
Marscher Tief
Großes Meer
Barstede
KURBELFÄHRE 1: HIER IST ARMKRAFT GEFRAGT
FORLITZ-BLAUKIRCHEN
Westerender Ehe
Hieve - Kleines Meer
5 Vogelbeobachtungsplattform
Westerender Ehe
Ochtelbur
Alte Maar
Wrantepott
2 Milchtankstelle Emder Landmilch
Uphuser Meer
Bansmeer

DIE RADELPAUSEN

» START
Bahnhof Emden

KM 16
1 Warfendorf Rysum
Eine Runde im Kreis drehen

KM 22
2 Leuchtturm Campen
Den Riesen bewundern

KM 24
3 Trockenstrand Upleward
Auf dem Trockenen schwitzen

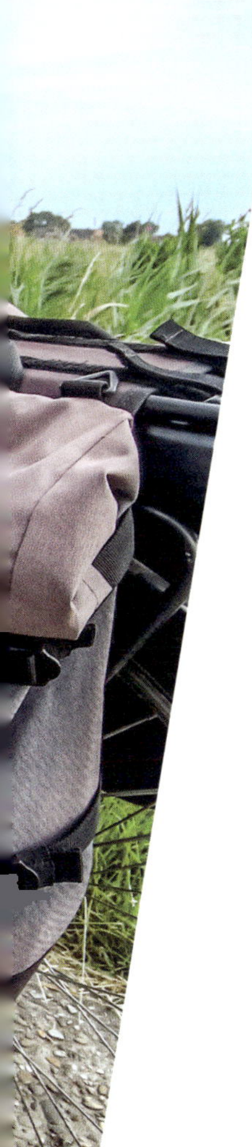

8

RUND, RUND, RUND DURCH DÖRFER

Von Emden durch die Krummhörn

Wie an einer Perlenkette reihen sich die fast kreisrunden Dörfer dicht aneinander. Die Zeit scheint stehengeblieben zu sein: Oft stammen die Kirchen noch aus dem 13. Jahrhundert, und Gässchen streifen hübsche Häuser und liebevoll gestaltete Gärten.

KM 29
4 Burgcafé Osterburg
Mit den Häuptlingen genießen

KM 32
5 Manningaburg
Verschwendung aufspüren

KM 38
6 Ehemals tiefster Punkt Deutschlands
Zu Boden blicken

KM 49 » ZIEL
Bahnhof Emden

DIE NATUR DIENT HIER NUR ALS KULISSE, ...

... denn die hübschen Örtchen stehlen ihr glatt die Schau – und das oft ganz mühelos. Dabei muss sie sich gar nicht verstecken: Großartige Ausblicke, Gewässer und viel Grün legt sie Gästen zu Füßen. Und sie packt noch Weite und Küstenvögel obendrauf. Aber was will man machen, wenn die Dörfer so niedlich sind?

Los geht es zunächst durch den Emder Stadtteil Larrelt. Wer an der Möhlenhörn nach rechts blickt, erhascht einen Blick auf die Larrelter Mühle. Bald schon führt der Weg mitten durch die Felder. Dass einem jemand begegnet, ist eine Seltenheit. Damit die Ruhe am Ende nicht lästig wird, streift der Weg kurz Wybelsum, bevor es sogar noch ländlicher wird. Hier sind nur noch Felder zu sehen, sodass man schließlich sogar die Gesellschaft einiger Kühe begrüßt, die am Weg weiden.

IN DEN KREISRUNDEN WARFENDÖRFERN UNTERWEGS SCHEINT DIE ZEIT STEHENGEBLIEBEN ZU SEIN

Und dann kommt das **Warfendorf Rysum**, dessen Mühle und Kirchturm schon aus der Ferne zu sehen sind. Der Ort ist so hübsch, dass man eigentlich keinen Meter weiterfahren möchte. Aber das wappnet immerhin für die übrigen Schönheiten entlang der Route: Die alten Dörfer sind oft nur wenige hundert Meter voneinander entfernt, und der Weg führt durch die Ortskerne.

Nach Loquard und Campen ist das Bedürfnis nach dörflicher Schönheit kurz gestillt, dafür rückt der **Leuchtturm Campen** in den Blick. Kurz darauf ist eine Pause am **Trockenstrand in Upleward** wohlverdient. Dort lieber noch einmal über den Deich blicken, um sich zu vergewissern, dass da wirklich ein Strand nur hinter dem Deich und nicht davor liegt.

Weiter geht es mit zwei runden Dörfchen, die einst zum Schutz vor Sturmfluten auf kleinen Hügeln (Warfen) gebaut worden sind, und Pausen im **Burgcafé an der Osterburg** sowie in der **Manningaburg.** Mit Canum und Freepsum folgen dann noch mehr runde Dörfer. Nach **einem der tiefsten Punkte Deutschlands** geht es allmählich wieder in Richtung Emden. Jetzt spielt erneut die Landschaft auf und zeigt, wie schön sie sein kann, wenn nicht gerade ein Dorf dazwischenkommt. «

Kleine Pause gefällig? In der Ferne ist schon Rysum zu sehen.

Kühe mit Leuchtturm – ein typisches Bild in Ostfriesland.

Der Weg führt auch an der Osterburg vorbei.

RADELN & GENIEßEN

START

Bahnhof Emden

Die Larrelter Straße stadtauswärts fahren, rechts über Hauptstraße, links auf Rabenstraße und rechts auf Amselstraße. Über Larrelter Straße auf Hörntjeweg, rechts über Peterswolder Weg und Bettewehrstraße, an der Rysumer Landstraße links auf Knockster Straße, rechts über Burgelsweg, Schilder nach Rysum.

KM 16

Warfendorf Rysum

Eine Runde im Kreis drehen

Rote Backsteinhäuschen, liebevoll gepflegte Gärten und verspielte Gässchen: Rysum wurde 1998 zum schönsten Dorf Niedersachsen gekürt – und das durchaus zu Recht. Das Dorf liegt auf einer Warf, also einem künstlich aufgeschütteten Hügel, und ist eines der am besten erhaltenen Warfendörfer in Niedersachen. Die Warfen dienten als Schutz vor Hochwasser, bevor es Deiche gab. Durch diese Lage hat der kreisrunde Ort einen Durchmesser von nur etwa 400 Metern und lässt sich prima auf einem kleinen Spaziergang erkunden. Nicht auslassen sollte man die Kirche: Darin steht eine der ältesten noch bespielbaren Orgeln. Sie stammt aus dem Jahr 1457 und soll einst gegen den Preis von drei Kühen gekauft und über die gefrorene Emsmündung, den Dollart, aus den Niederlanden nach Rysum geschafft worden sein.

Über die Emsstraße zur Landesstraße, Schilder in Richtung Campen. Links durch den Ortskern Loquard fahren. Weiter auf Landesstraße. Rechts über Campener Ring und von dort durch Campen, über Krummhörner Straße auf Heiselhuser Straße, links über den Campingweg zum Leuchtturm.

Kleine Gässchen ziehen sich durch das runde Dorf Rysum.

Der Leuchtturm in Campen ist schon von Weitem zu sehen.

Am Trockenstrand ist Entspannung angesagt.

WO IST DENN DAS WASSER GEBLIEBEN?

KM 22

2 Leuchtturm Campen

Den Riesen bewundern

Kein Wunder, dass er schon von Weitem zu sehen ist: Der Campener Leuchtturm ist mit einer Höhe von 65,30 Metern der höchste Leuchtturm in Deutschland – und weltweit steht er immerhin noch auf Rang 14. Sein Leuchtfeuer ist noch aus 55 Kilometern Entfernung zu sehen. Außerdem war er nach dem auf Borkum der erste elektrisch betriebene Leuchtturm in Deutschland. Blöd nur, dass Campen 1891, als er in Betrieb ging, noch gar nicht an das Stromnetz angeschlossen war. Na ja, wurde der Strom eben zunächst über Dampfmaschinen und dann über ein Dieselaggregat erzeugt. Ungewöhnlich ist auch die Bauweise in Stahlfachwerk, die erst praktisch erschien, aber viel Wartung braucht. Wer mag, erklimmt die 308 Stufen bis zur Galerie (April bis Oktober von 11 bis 17 Uhr) und genießt den Ausblick.

Am Deich entlang in Richtung Norden.

KM 24

3 Trockenstrand Upleward

Auf dem Trockenen schwitzen

Da ist man schon einmal am Meer, und weit und breit ist kein Strand in Sicht: Wer in Upleward über den Deich blickt, entdeckt nicht etwa Strandkörbe, sondern nur Schlick, Wasser und befestigtes Ufer. Kein Problem, dachten sich die Ostfriesen, und bauten mal eben einen Strand hinter dem Deich. Der wird bei Flut auch nicht so schnell weggespült. Liegen und Strandkörbe laden zu einer Pause ein. Wer sportlich ist, kann sich auch beim Volleyball oder Beachsoccer versuchen. Sollte sich schon Hunger eingestellt haben, bietet ein Kiosk Abhilfe. Auch für Toiletten ist gesorgt.

Rechts über Erbsenbindereistraße durch Upleward, weiter über die Uplewarder Landstraße, links die Kommune-Chaussee durch Hamswehrum. links auf Hamswester Straße gen Groothusen. Links auf Tiede-Ubben-Straße und rechts auf Wiard-Meckena-Straße fahren.

Gemütlich sitzen und sich verwöhnen lassen: Im Burgcafé ist Entspannung angesagt.

KM 29

Burgcafé Osterburg

Mit den Häuptlingen genießen

Draußen im Garten sitzen und auf die Osterburg blicken oder sich drinnen an der Kunst regionaler Künstlerinnen und Künstler erfreuen: Im Burgcafé Osterburg (www.osterburg-groothusen.de) ist es gemütlich. Es gibt hausgemachte Kuchen und Torten und warme Gerichte. Neben regionalen Klassikern wie Krabbensuppe und Matjes wird etwa auch Ostfriesen-Bruschetta mit Nordseekrabben serviert. Die historische Osterburg, zu deren Gebäudeensemble auch das Café gehört, wird bis heute von den Nachfahren der Häuptlingsfamilie Beninga bewohnt. Der große Park ist frei zugänglich.

Südwärts auf der Wiard-Meckena-Straße, links abbiegen und den Schildern in Richtung Pewsum folgen. Rechts auf die Burgstraße fahren.

KM 32

5

Manningaburg

Verschwendung aufspüren

Er wusste, wie man es sich gutgehen lässt: 1540 erbte Hoyko Manninga die Burg, deren Grundmauern aus dem Jahr 1458 stammen. Der letzte Nachkomme der Häuptlingsfamilie trug den wenig schmeichelhaften Beinamen »der Verschwenderische« und soll zu Lebzeiten drei Tonnen Gold verprasst haben. Dass stets ein Kessel mit gezuckertem Wein auf dem Feuer geblubbert haben soll, an dem er sich bediente, half wohl nicht gerade beim Wirtschaften: Die Schulden häuften sich, und 1565 musste er die Burg veräußern. Sie ging an die Häuptlingsfamilie Cirksena, der aber schließlich das Geld fehlte, um das Bauwerk vor dem Verfall zu bewahren. Heute ist nur noch ein kleiner Teil erhalten, der seit 1800 weitgehend unverändert geblieben ist. Man kann eine Runde um die Burg drehen und auch in den Innenhof gehen.

Weiter auf Burgstraße, rechts auf Enno-Friedrich-Kempe-Straße. Schilder Richtung Canum/Freepsum.

Wer seine Liebe verewigen möchte, hat dazu an der Mannigaburg die Chance.

uffällig gelb leuchtet die Manningaburg in Pewsum.

EXTRA INFOS:

Wenn bei einem Bummel durch Rysum der Magen knurrt oder sich Kaffeedurst meldet, ist das ● **Rysumer Plaats** (www.facebook.com/rysumerplaats) nicht weit: Viel Glas bringt Licht in den historischen Gulfhof auf der Rückseite der Mühle, der modernisiert wurde. Und bei schönem Wetter ist es draußen im Garten herrlich mit Blick auf das Dorf. Die Speisekarte ist übersichtlich und ausgewählt, die Preise sind fair.

KM 38

6 Ehemals tiefster Punkt Deutschlands

Zu Boden blicken

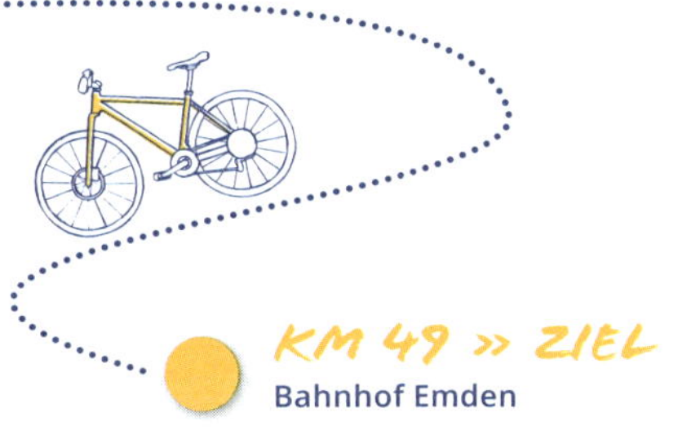

KM 49 » ZIEL

Bahnhof Emden

Wer glaubt, am Tiefpunkt angelangt zu sein, hat sich getäuscht: Freepsum konnte sich einst mit dem tiefsten Punkt Deutschlands schmücken. Auch die Schilder stehen noch vor Ort. 2,30 Meter unter Normalnull sind es dort. Fast alle Menschen dürften den Kopf unter Wasser haben, sollte das Meer einmal bis hierhin schwappen und man bliebe dort einfach am Boden stehen. Streit gab es seit jeher mit dem Rheiderland westlich der Ems, welches ebenfalls den tiefsten Punkt Deutschlands für sich beanspruchte. Inzwischen ist klar: Beide können einpacken, weil in Schleswig-Holstein ein Punkt 3,54 Meter unter Normalnull liegt. Aber Ostfriesen sind manchmal stur – und so steht das Schild, das den tiefsten Punkt Deutschlands ausweist, weiterhin in Freepsum.

Zurück auf den Mittelweg. Rechts auf die Landesstraße, in Groß-Midlum wieder rechts auf Am Horst. Schilder in Richtung Emden. Über die A 31, links auf den Conrebbersweg, rechts auf den Franekerweg, dann an der Bahn entlang.

Ich wollte, ich wär unten im Meer: 2,30 Meter unter dem Meeresspiegel liegt eine Stelle in Freepsum.

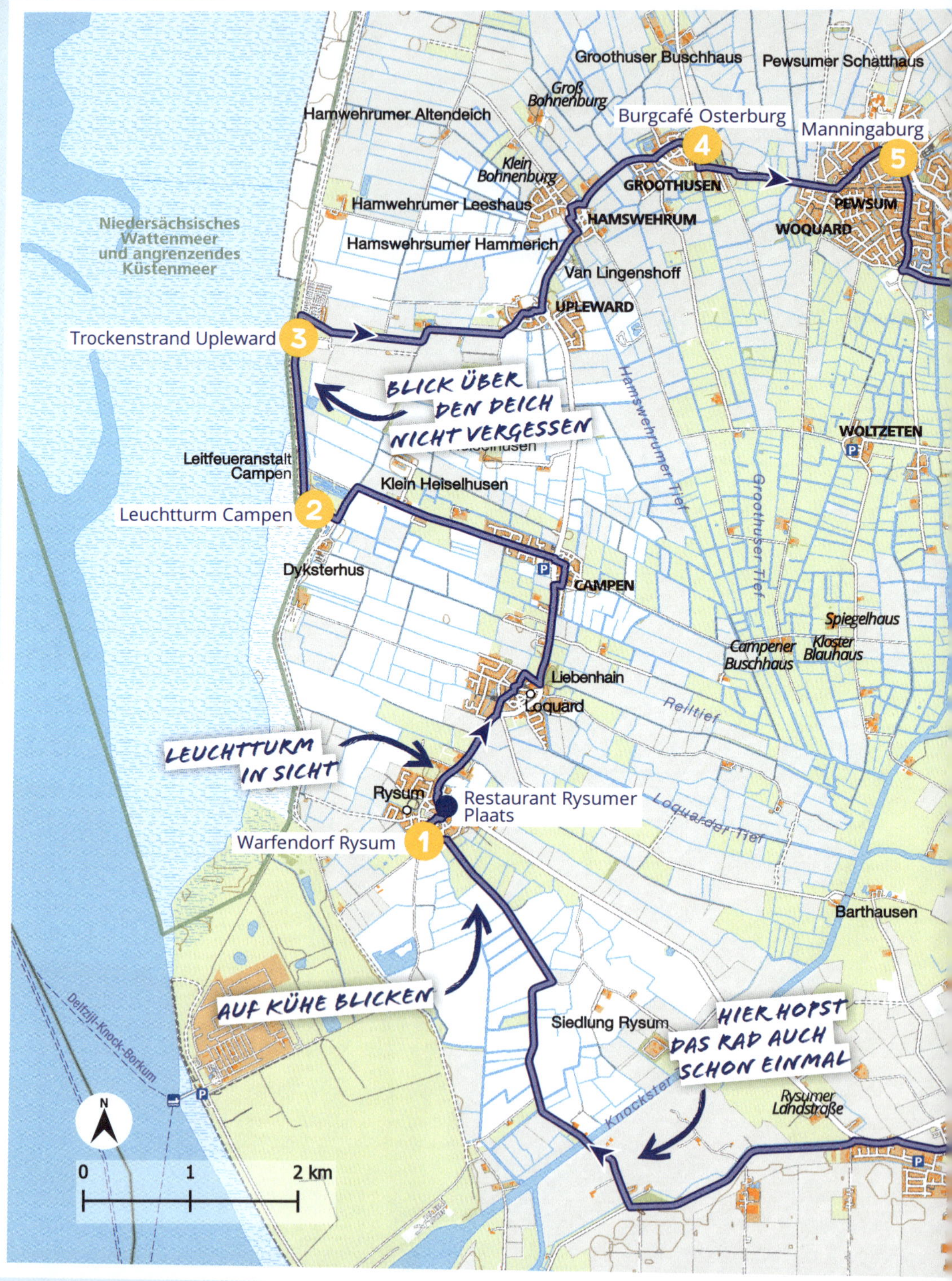
Groothuser Buschhaus
Pewsumer Schatthaus
Groß Bohnenburg
Hamwehrumer Altendeich
Burgcafé Osterburg
4
Manningaburg
5
Klein Bohnenburg
GROOTHUSEN
PEWSUM
Hamwehrumer Leeshaus
HAMSWEHRUM
WOQUARD
Niedersächsisches Wattenmeer und angrenzendes Küstenmeer
Hamswehrsumer Hammerich
Van Lingenshoff
UPLEWARD
Trockenstrand Upleward
3
BLICK ÜBER DEN DEICH NICHT VERGESSEN
Hamswehrumer Tief
WOLTZETEN
Leitfeueranstalt Campen
Klein Heiselhusen
Groothuser Tief
Leuchtturm Campen
2
Dyksterhus
CAMPEN
Spiegelhaus
Campener Buschhaus
Kloster Blauhaus
Liebenhain
Loquard
Relltief
LEUCHTTURM IN SICHT
Rysum
Restaurant Rysumer Plaats
Loquarder Tief
Warfendorf Rysum
1
Barthausen
Delfzijl-Knock-Borkum
AUF KÜHE BLICKEN
Siedlung Rysum
HIER HOPST DAS RAD AUCH SCHON EINMAL
Knockster
Rysumer Landstraße
N
0
1
2 km

AUF EINEN BLICK

- **Start/Ziel:** Bahnhof Emden
- **Strecke/reine Radelzeit:** 49 km (Rundtour), 4 Std.
- **Wegbeschaffenheit:** Sehr gut ausgebaute Strecke.
- **Beste Zeit:** Frühling und Frühsommer, wenn in den Gärten der Warfendörfer die Blumen blühen.
- **Mitnehmen:** Sonnencreme.

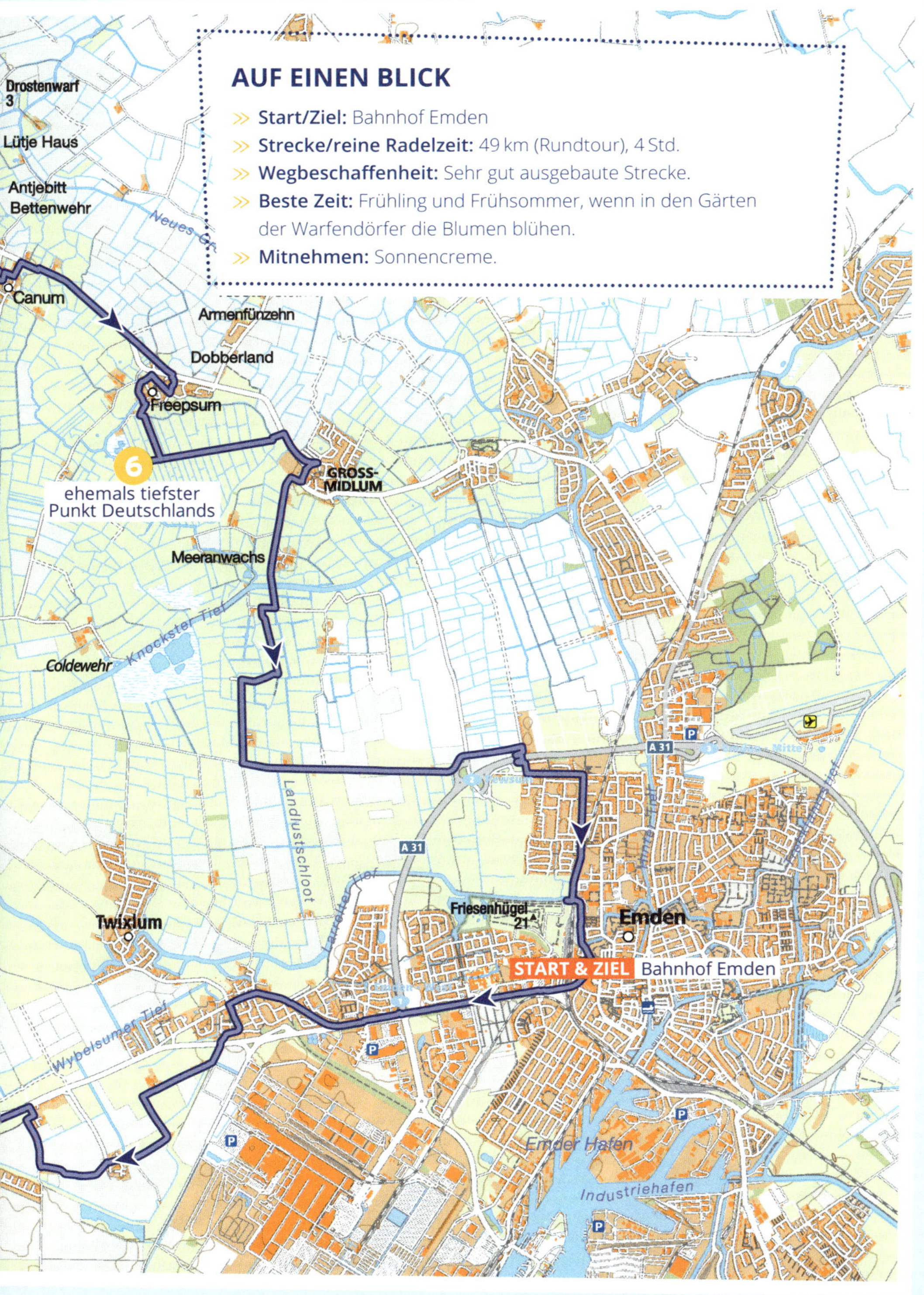

DIE RADELPAUSEN

» START
Bahnhof Marienhafe

KM 14
1 Zwillingsmühle Greetsiel
Einmal doppelt sehen

KM 18
2 Vogelbeobachtungshütte
Dem Schwirren und Piepsen lauschen

KM 19
3 Pilsumer Leuchtturm
Zu Besuch bei Otto

9

AUF OTTOS SPUR IN DIE NATUR

Von Marienhafe an der Leybucht entlang nach Norden

Der Weg führt von Marienhafe aus durch das Naturschutzgebiet an der Leybucht, in dem unzählige Vögel leben. Die Route streift Stationen, die im Film »Otto – Der Außerfriesische« eine Rolle spielen, etwa den Ringelsocken-Leuchtturm in Pilsum.

KM 21

4 Hofcafé Akkens
Entspannen in den Salzwiesen

KM 23

5 Hafen Greetsiel
Kutter und Krabben

KM 30

6 Blick auf die Leybucht
Das versunkene Land aufspüren

KM 41 » ZIEL

Bahnhof Norden

HIER SCHWIRREN NICHT NUR VÖGEL UMHER, …

… auch der Komiker Otto Waalkes scheint über die Wiesen zu hopsen: In der Region drehte er seinen Film »Otto – der Außerfriesische«. Zunächst geht es an der Sterrenbergschen Mühle vorbei schnell aus Marienhafe heraus. Danach schiebt sich die Straße wie ein Reißverschluss, der ein Kleidungsstück zusammenhält, zwischen Grünland und Feldern hindurch. Weit blicken kann man auch.

Leider können Fahrräder auf dem Weg nach Greetsiel nicht überall auf einen Radweg ausweichen, sondern teilen sich die Straße streckenweise mit dem übrigen Verkehr. Der ist zwar nicht besonders rege, aber wenn sich ein Mähdrescher vorbeischiebt, ist schon einmal etwas Vorsicht angeraten.

PLÖTZLICH TAUCHT HINTER DEN FELDERN DER ROTGELB GERINGELTE LEUCHTTURM AUF

Bald kommen die **Greetsieler Zwillingsmühlen** in Sicht, die einen kurzen Auftritt in Ottos Film gemeistert haben. Auf dem weiteren Weg wandelt sich die Landschaft immer mehr zu Salzwiesen – bis die Straße schließlich durch das Naturschutzgebiet führt, das Heimat etlicher seltener Vogelarten ist. Ihnen kommt man in der **Vogelbeobachtungshütte** nah.

Und dann ist er auch schon zu sehen – der **Pilsumer Leuchtturm**, der an eine gigantische Ringelsocke erinnert und in dem Otto einst samt Hühnern, Schildkröte und Scheibenwischer wohnte und einen Fremdenführer mimte. Nicht verpassen sollte man den Blick vom Deich auf die Nordsee.

Nach einem Zwischenhalt im **Hofcafé Akkens** geht es zum **Hafen in Greetsiel**, in den Otto im Film mit einem Fischkutter von seiner Miami-Reise zurückkehrt. Danach zieht sich der hervorragend ausgebaute Weg am Deich der **Leybucht** entlang: Hier rollt es sich fast wie von selbst, während nebenan der Störtebekerkanal plätschert. Schon ist das Schöpfwerk Leybuchtsiel in Sicht, und es geht durch die Westermarsch weiter in Richtung Norden. Der Weg mausert sich zu einer herrlichen Allee, die man fast für sich allein hat. Nach einem kurzen Kontakt mit der Norder Altstadt ist auch schon der Bahnhof in Sicht.

Der rot-gelb geringelte Leuchtturm in Pilsum fällt schon aus der Ferne auf.

Blick auf die Zwillingsmühlen: Wer genau hinschaut, kann die zweite Mühle auf Höhe des Lenkers entdecken.

Angenehm breite Wege: Wer hier überholen will, kann vorbeiziehen.

RADELN & GENIEẞEN

START

Bahnhof Marienhafe

Über Am Voßberg auf Mühlenloog fahren, rechts in Schottjer Straße, weiter rechts auf Schoonorther Kreisstraße. Der Straße bis Alte Riede folgen, rechts auf Große Riede und Strohdamm, links auf Karl-Wenholt-Straße abbiegen, rechts auf Cirksenaweg fahren, gleich wieder links auf die Greetsieler Straße. Rechts zu den Mühlen fahren.

KM 14

Zwillingsmühle Greetsiel

Einmal doppelt sehen

Gibt es die etwa zweimal? Tatsächlich stehen am Ortseingang des Fischerörtchens Greetsiel zwei Mühlen in unmittelbarem Abstand voneinander (www.muehle-schoof.de). Sie lassen sich durch ihre Farbe unterscheiden: Eine ist grün, die andere rot – und praktischerweise wurden sie auch nach ihren Farben benannt. Die Geschichte der Mühlen reicht zurück bis ins frühe 17. Jahrhundert. Sie wurden seitdem immer wieder einmal neu aufgebaut und verändert, dabei waren beide auch schon einmal flügellos: 2013 etwa riss ein Orkan Kappe und Flügel der Grünen Mühle ab, die durch Spenden wiederaufgebaut wurde. 2017 wurden die Flügel der Roten Mühle aus Sicherheitsgründen entfernt. In der Roten Mühle befindet sich ein hübscher Mühlenladen, und im angeschlossenen Gebäude ist eine kleine Teestube untergebracht.

Zurück zur Greetsieler Straße, rechts fahren, rechts in die Kleinbahnstraße abbiegen und direkt wieder links fahren.

Mühle trifft Mühle: In Greetsiel scheint kein Mangel an Wind geherrscht zu haben.

Am Ende des Wegs lockt die Hütte: Von dort lassen sich die Wasservögel beobachten, ohne sie zu stören.

KM 18

2 Vogelbeobachtungshütte

Dem Schwirren und Piepsen lauschen

Hier ist immer etwas los: Um die Vogelbeobachtungshütte düsen Schwalben, die den Überstand nutzen, um ihre Nester zu bauen. Von drinnen blickt man auf das Naturschutzgebiet Leyhörn und die Hauener Pütten. Die idyllische Seenlandschaft entstand, weil Klei für den Deichbau benötigt wurde. Heute sind die Gewässer, die sich dadurch bildeten, Heimat etlicher Wasser- und Watvögel. Sie lassen sich von der Hütte aus dem Verborgenen beobachten, ohne sie zu stören. An der Leybucht leben etwa Uferschnepfen und Kampfläufer, Austernfischer, Löffler und Säbelschnäbler. Auch Löffel-, Krick- und Pfeifenten paddeln gelegentlich vorbei. Im Frühjahr rasten dort Ringelgänse und Weißwangengänse. Im Herbst entdeckt man zudem Goldregenpfeifer und andere Zugvögel.

Schräg links weiter zum Leuchtturm, der bereits in der Ferne zu sehen ist. Man kann mit dem Rad hinfahren. Schöner ist es aber, man stellt es vorn beim Parkplatz ab und geht zu Fuß über den Deich.

Fast wäre er abgerissen worden, heute ist er ein Highlight für Touristen: Die Otto-Filme machten den Leuchtturm in Pilsum bekannt.

KM 19

3 Pilsumer Leuchtturm

Zu Besuch bei Otto

Kaum zu glauben, aber der Pilsumer Leuchtturm, der durch Otto zur Berühmtheit gelangt ist, sollte mehrfach abgerissen werden. Der kleine Leuchtturm hatte einen schweren Stand: Er war nur 28 Jahre lang in Betrieb und wurde 1919 stillgelegt, weil Sandablagerungen die Fahrrinne der Ems verschoben hatten. Plötzlich leuchtete er viel zu weit entfernt vom Fluss. Dass er mit nur elf Metern Höhe einer der kleinsten Leuchttürme Deutschlands ist, machte die Sache nicht besser. Er rottete in der Salzluft vor sich hin und musste mehrfach um seine Existenz bangen. Die Rettung kam 1973, als er aufwendig renoviert wurde und der ehemals rote Turm seinen gelb-roten Anstrich erhielt. Als dann 1989 auch noch der Otto-Film erfolgreich im Kino lief, hatte der Turm ausgesorgt.

Am Deich entlang gen Nordosten fahren, dann rechts abbiegen (Schilder nach Greetsiel). Den Schildern zum Hofcafé folgen.

KM 21

4

Hofcafé Akkens

Entspannen in den Salzwiesen

Deich, Salzwiesen, Gänse – und mittendrin ein Hof. Das Hofcafé Akkens (www.akkens.de), das sich auf Radreisende spezialisiert hat, liegt mitten im Naturschutzgebiet am Deich. Der alte ostfriesische Gulfhof von 1683 wurde liebevoll restauriert. Die Inhaber Susanne und Thomas Bader kümmern sich rührend um ihre Gäste und haben bei Bedarf auch Tipps für weitere Erkundungen in der Umgebung parat. Draußen zwischen Sommerblumen, Rosen und üppigen Hortensien schmecken die selbstgebackenen Kuchen und Torten besonders gut, aber auch drinnen unter den alten Holzbalken mundet die ein oder andere Tasse Ostfriesentee ganz vorzüglich.

Zurück zum Deich, rechts abbiegen und der Straße folgen. Nach der Tourist-Information rechts abbiegen, links in den Kalvarienweg fahren, direkt rechts durch Sandpadd und Hohe Straße links zum Hafen.

Wer mit dem Rad unterwegs ist, ist im Hofcafé Akkens immer willkommen.

Kutter über Kutter: Am Hafen in Greetsiel ist immer etwas los.

KM 23

5

Hafen Greetsiel

Kutter und Krabben

Er gilt als der schönste Fischereihafen in Ostfriesland – und das ist nicht übertrieben: Gesäumt von historischen Giebelhäusern und Gässchen haben hier 25 Krabbenkutter ihren Heimathafen. Der historische Hafen ist inzwischen mehr als 600 Jahre alt und über die Schleuse Leysiel mit dem offenen Meer verbunden. Die Kutter fangen nicht nur Garnelen, die als Granat bezeichnet werden, sondern ihnen gehen am Grund auch schon einmal Schollen, Seezungen und Klieschen ins Netz. Wer Garnelen kosten möchte, sollte am Hafen eine Greetsieler Krabbensuppe bestellen, Rührei mit Granat probieren oder die Garnelen klassisch auf ostfriesischem Schwarzbrot kosten. Seine typisch rote Farbe erhält der Granat übrigens erst beim Kochen – vorher passen sich die Tierchen der Farbe ihrer Umgebung an.

Am Sieltor das Hafenbecken überqueren, am Wasser entlangfahren, dann auf der Brücke den Störtebekerkanal passieren und weiter rechts dem Deich folgen.

KM 30

Blick auf die Leybucht

Das versunkene Land aufspüren

Auf der Landkarte sieht die Leybucht ein bisschen so aus, als hätte sich ein hungriges Ungeheuer mal eben ein Stück Land genehmigt – oder es mit einem Locher großzügig herausgetrennt. Tatsächlich hat hier einst die Nordsee gewütet: In verheerenden Sturmfluten 838 und in den 1370er-Jahren ergoss sich das Wasser weit ins Land und die Leybucht entstand. Sie reichte damals sogar bis Marienhafe. Durch Polder, mit denen Land gewonnen wurde, schrumpfte die Bucht schließlich auf ihre heutige Größe. Wer über den Deich blickt, wundert sich vielleicht: Dort kräuselt sich nicht direkt die Nordsee, sondern das blaue Wasser leuchtet in der Ferne. An den Deich schließen sich zunächst einmal Salzwiesen an, in denen sich etwa Blaukehlchen und Wiesenpieper wohlfühlen.

Rechts in Richtung Schöpfwerk abbiegen, vorher links auf den Lorenzweg fahren, der zum Polderweg wird. Weiter nach rechts auf den Altendeichsweg. Über Schafweg, Selden Rüst, An der Welle und Mackeriege Richtung Innenstadt, im Kreisverkehr erste Ausfahrt, Schilder Richtung Bahnhof.

EXTRA INFOS:

Wer noch nicht genug vom Otto-Feeling hat, kann an einem der Drehorte übernachten: In der alten Greetsieler Schule am Sandpadd 2 wohnte Kindergärtnerin Frauke, in die Otto verliebt war. Heute sind in dem denkmalgeschützten Gebäude drei ● **Ferienwohnungen** eingerichtet (www.ferienwohnungen-barlage.de/greetsiel/alte-schule).

KM 41 » ZIEL

Bahnhof Norden

Heute blickt man über den Deich auf Land, bis sich endlich das Wasser anschließt. Einst hatte die Leybucht sich bis nach Marienhafe in die Landschaft gefressen.

AUF EINEN BLICK

- **Start:** Bahnhof Marienhafe
- **Ziel:** Bahnhof Norden
- **Strecke/reine Radelzeit:** 41 km (eine Strecke), 3 Std.
- **Wegbeschaffenheit:** Fast durchgängig asphaltierte Wege.
- **Beste Zeit:** März bis Mai und September bis Oktober für die Vogelbeobachtung.
- **Mitnehmen:** Fernglas, Sonnencreme.

NORDDEICH
OSTLINTEL
NEUSTADT
Norden
EKEL
WESTLINTEL
MARTENSDORF
WESTGASTE
TIDOFELD
BARGEBUR
ZIEL Bahnhof Norden
Baggersee
Marschtief
Norder Tief
Lütetsburg
Schloss Lütetsburg
Manningaberg 11
Hage
Burg Berum
Berumbur
SÜDERNEULAND I
HERRLICHE ALLEE
HAGERWILDE
Berumerfehnkanal
Addinggaster Tief
B 72
Neuwesteel
SÜDERNEULAND II
Halbemond
Westermoordorf
Leezdorf
Osteel
Upgant-Schott
Rechtsupweg
START Bahnhof Marienhafe
Siegelsum
Abelitz
Wirdum

DIE RADELPAUSEN

» START
Bahnhof Marienhafe

KM 1
1 Störtebekerturm
Weit blicken

KM 6
2 Birgits Tiergarten
Ein Lieblingstier finden

KM 10
3 Dörpmuseum Münkeboe
100 Jahre in die Vergangenheit

10 ZU DEN WURZELN REISEN

Runde um Marienhafe über Moordorf und Engerhafe

Kanäle und Felder wechseln sich unterwegs mit Siedlungen ab. Auch die Einsamkeit im Moor ist zu spüren. Die Route lässt Geschichte greifbar werden, wenn es etwa um das Leben der ersten Siedelnden im Moor geht.

KM 15

4 Teestube Moorgold
Im Moor pausieren

KM 16

5 Moormuseum Moordorf
Das Leben in früheren Zeiten

KM 24

6 Gedenkstätte Engerhafe
Den Spuren des Krieges folgen

KM 31 » ZIEL

Bahnhof Marienhafe

EINMAL DURCH DIE ZEIT ...

... reist man auf dieser Tour, die durch Dörfer, Felder, an Kanälen entlang und durchs Moor führt. Los geht es vom Bahnhof in Marienhafe zum **Störtebekerturm**. Einst soll der Pirat sich in Marienhafe versteckt haben. Heute kann man nur rufen: Gefunden! Um den Marktplatz herum ist sein Einfluss nicht zu übersehen, zum Beispiel dank dem lebensgroßen Denkmal und einer Störtebeker-Teestube.

Danach fährt man aus Marienhafe hinaus, vorbei an einer Töpferei. Die Häuser rücken weiter auseinander, Felder breiten sich aus. Die Route macht einen Schlenker von der Hauptstraße weg, und bald schon hört man die Tiere aus **Birgits Tiergarten** rufen.

GANZ ALLEIN IN DER LANDSCHAFT DEM WIND LAUSCHEN UND SEHR WEIT BLICKEN

Auf dem Weg zum **Dörpmuseum** rollt das Fahrrad an Grünland und verstreuten Höfen vorbei, bis die Bebauung wieder dichter wird. Hier bekommt man einen Eindruck davon, wie weitläufig Ostfriesland ist und welche Wege an manchen Orten zurückzulegen sind, um einzukaufen oder zum Arzt oder zur Schule zu gehen.

Danach geht es am Ringkanal entlang. Östlich erhascht man in der Ferne einen Blick auf das Berumerfehner Moor, ansonsten begegnet man nur ab und an einem Traktor oder anderen Menschen. Das Rad knirscht auf dem Weg, Wasser schwappt im Kanal, und Wind streicht durch die Bäume. Die Einsamkeit setzt sich fort am Abelitz-Moordorf-Kanal, der zur **Teestube Moorgold** und zum **Moormuseum** führt.

Auch danach bleibt es menschenarm: Der Ringkanal zieht die Route wieder an sich – und nach einer kurzen Unterbrechung fernab des Wassers folgt man weiter dem Abelitz-Moordorf-Kanal. Enten schwimmen umher, und die Häuser, die den Kanal anfangs noch auf der linken Seite säumen, ziehen sich immer mehr zurück. Selbst die Bäume scheinen zu weichen, bis man durch die offene Landschaft radelt und einige Windenergieanlagen passiert, die sich stoisch am anderen Ufer drehen. Vom Kanal weg geht es zur **Gedenkstätte Engerhafe** und von dort mitten durch die Felder am Ort der Schlacht auf den Wilden Äckern vorbei zurück zum Bahnhof Marienhafe. «

RADELN & GENIEẞEN

Schmale Wege führen am Kanal entlang.

START

Bahnhof Marienhafe

Nach Nordwesten auf Ladestraße, über Bahnhofstraße und Rosenstraße zum Markt.

KM 1

1 **Störtebekerturm**

Weit blicken

Einst hat hier der Pirat Klaus Störtebeker Unterschlupf gefunden: In der Zeit von 1396 bis 1400 soll er den Turm der Kirche von Marienhafe bewohnt haben, das damals noch am Meer lag. Er hatte damals guten Grund, sich vor der Hanse, Dänemark und dem deutschen Ritterorden zu verstecken, die er allesamt gegen sich aufgebracht hatte. Der Turm ist auch von außen hübsch, doch wer mag, steigt vom Museum in der Störtebekerkammer über die enge Wendeltreppe hinauf und genießt bei guter Sicht einen Blick bis zu den Inseln. Aber Vorsicht: Der Weg führt direkt an den Kirchenglocken vorbei – es kann also schon einmal in den Ohren dröhnen.

Über die Kirchstraße östlich aus Marienhafe fahren, links in die Junkerstraße, rechts über Leezdorfer Straße und Mühlenweg fahren, weiter links in die Tannenstraße.

Ein besonderes Piratennest: Hier soll ein Klaus Störtebeker untergeschlüpft sein.

KM 6

2 Birgits Tiergarten
Ein Lieblingstier finden

Wer immer schon einmal ein Schwein bürsten, Alpakas füttern oder Esel streicheln wollte, ist hier richtig: In der liebevoll gepflegen Anlage (www.birgits-tiergarten.de) leben rund 400 Tiere, darunter auch alte ostfriesische Rassen. Einige bewegen sich frei auf dem Gelände – nicht selten stolziert plötzlich ein Pfau über den Weg. Ansonsten kann es auch schon einmal laut werden, wenn die Esel loslegen, Wellensittiche zwitschern, Schafe blöken und Emus ihre trommelnden Geräusche machen. Bei den rund 50 Gehegen ist reichlich Auswahl, um das eigene Lieblingstier(geräusch) zu finden. Und wer sich gruseln möchte: Bestsellerautor Klaus-Peter Wolf ließ in einem Krimi schon einmal eine Leiche zwischen den Stachelschweinen auftauchen.

Weiter auf Tannenstraße, rechts auf Hauptstraße bis Rüskeweg, links abbiegen. Dem Rüskeweg folgen, der nach rechts abknickt und zur Mühlenstraße wird.

Die Esel in Birgits Tiergarten sind besonders zutraulich.

KM 10

3 Dörpmuseum Münkeboe
100 Jahre in die Vergangenheit

Wie war das eigentlich so, vor mehr als 100 Jahren in einem kleinen Dorf am Rand des Moors zu wohnen? Das Dörpmuseum Münkeboe (www.doerpmuseum-muenkeboe.de) verrät es. Im Museumsdorf lassen sich unter anderem eine Schmiede, eine Bäckerei, ein Kolonialwarenladen, eine Dorfschule, eine Stellmacherei und ein Sägewerk begehen. Die Gebäude stammen aus der Region und wurden mitsamt Gerätschaften Stein für Stein abgebaut und im Museum wieder aufgebaut. Der Verein schaffte auch ein Torfschiff hierher, was Arbeit und Geduld erforderte. Es musste nämlich zunächst einmal aus einem Moorkanal ausgebuddelt werden, in dem es versenkt worden war, und dann über Telefonmasten Meter für Meter gerollt werden.

Weiter auf Mühlenstraße, links auf Alt-Münkeboer Straße, links über Schulstraße zur Jägerstraße, dann rechts am Kanal entlang. Links auf den Moorweg fahren und weiter links auf Victorburer Moor.

Auf Zeitreise: Im Dörpmuseum hat man das Gefühl, in die Vergangenheit getappt zu sein.

KM 15

4 Teestube Moorgold

Im Moor pausieren

Zeit für ein Päuschen: In der Teestube Moorgold (www.moorgold.de) munden die selbstgebackenen Kuchen und liebevoll arrangierten Torten. Im schummrigen Innenraum genießt man rustikalen Charme und ostfriesische Gemütlichkeit mit schweren Möbeln. Draußen zwitschern Vögel, und der Kuchen lässt sich mit Blick aufs Moor genießen, das sich hinter der Hecke zu tarnen versucht. Hier wird frisch gebacken und gekocht. Wer die Ostfriesentorte bislang noch nicht getestet hat, sollte sie einmal probieren, wer es herzhafter mag, wird vielleicht mit einem Buchweizenpfannkuchen glücklich. Auf Wunsch gibt es auch eine Teezeremonie.

Das Moormuseum ist direkt nebenan.

Einmal Tee für alle, bitte: In der Teestube Moorgold lässt es sich gemütlich sitzen.

Bedrückende Vielfalt: Die Tafeln auf dem Friedhof in Engerhafe zeigen die Namen der Menschen, die im Konzentrationslager zu Tode gekommen sind.

KM 16

5

Moormuseum Moordorf

Das Leben in früheren Zeiten

Brrr, ob da wohl der Wind durchpfeift? Gemütlich war das Leben der frühen Siedelnden jedenfalls ganz sicher nicht.

Heidschnucken stromern über die Weide und Hütten ducken sich ins Gras, so niedrig, dass man sich bücken muss, um überhaupt durch die Tür zu gelangen: Das Moormuseum (www.moormuseum-moordorf.de) zeigt, wie die Menschen hier einst lebten. So lange, wie es einem vielleicht erscheinen mag, ist das alles noch gar nicht her: Die im Museum nachgebauten Lehmhütten standen noch bis weit in das 20. Jahrhundert hinein in Moordorf. Wenn der Wind über das Moor streicht, kann man sich gut vorstellen, wie zugig und feuchtkalt es dort war – und bedrückend eng: Oft schliefen drei oder vier Kinder in einem Bett. Bis weit in den Herbst liefen sie barfuß, weil Geld für Schuhe fehlte. Die Hütten darf man betreten, und ein Bohlenweg führt ins Hochmoor zu einer Aussichtplattform.

Zurück über Victorburer Moor, links über die Brücke auf Am Abelitzkanal, links auf Zum Stauwerk. Rechts auf Neue Straße, am Kreisel die erste Ausfahrt nehmen und nach ca. 500 Metern scharf links an den Kanal. Rechts über Brückstraße und links über Kirchwyk zur Gedenkstätte.

6 Gedenkstätte Engerhafe

Den Spuren des Krieges folgen

Viel ist nicht mehr davon zu sehen, dass hier einmal das einzige Konzentrationslager in Ostfriesland war (www.gedenkstaette-kz-engerhafe.de), denn nach dem Krieg wurden die Baracken sofort geplündert. Als Außenstelle des Konzentrationslagers Neuengamme war es nur gut zwei Monate in Betrieb. Innerhalb dieser Zeit starben 188 der rund 2000 Häftlinge durch die katastrophalen Bedingungen im Lager und die harte Arbeit, um Aurich als Teil des sogenannten Friesenwalls durch einen Panzergraben zu sichern. Ein Schild markiert die Stelle, an der sich Überreste einer Latrinenanlage befanden. In der alten Pastorei, dem wahrscheinlich ältesten Steinhaus Ostfrieslands, gibt es eine Ausstellung. Bedrückend ist der Besuch des Friedhofs, wo auf Tafeln die vielen Namen der Verstorbenen stehen.

Über Dodentwenter rechts auf Achterumsweg und Fehnhuser Gaste, links auf Oldeborger Straße, links über Lohne auf Burgstraße. Links abbiegen. Rechts auf An den Wilden Äckern. Über Upganter Straße, links auf Dahlienstraße und rechts auf Lilienstraße fahren.

EXTRA INFOS:

Sollte das Bedürfnis nach Geschichte noch nicht ausreichend gestillt sein, hat man noch eine Chance: Der Ort der ● **Schlacht auf den Wilden Äckern** liegt am Weg. Ein Stein erinnert daran, dass dort 1427 eine der bedeutendsten historischen kriegerischen Auseinandersetzungen in Ostfriesland stattfand. Darauf jedenfalls lassen Ausgrabungsfunde schließen. An dieser Stelle siegte demnach der ostfriesische Häuptling Focko Ukena über Ocko II. tom Brok. Er beendete damit die Herrschaft der tom Brok über Ostfriesland. Der Erfolg währte allerdings nur kurz, denn Ukena verlor die Herrschaft an die Häuptlingsfamilie der Cirksena.

Bahnhof Marienhafe

Ein Stein erinnert heute noch daran, dass kurz vor Marienhafe einst eine große Schlacht stattgefunden hat.

Buschhaus
SÜDERNEULAND
Orth
Leezdorf
B 72
Osteel
Abelitz
HÜBSCHE HAUSFASSADE
Rechtsupweg
2
Birgits Tiergarten
Störtebekerturm
1
Alte Welt
Van-Hove-Tief
Bahnhof Marienhafe
START & ZIEL
TÖPFEREI
Upgant-Schott
Moorburg
Schlacht auf den Wilden Äckern
Neusiegelsum
Upende
OLDEBORG
Siegelsum
Maar
Maar
Abelitz
B 72
Engerhafe
Gedenkstätte Engerhafe
6
ALLEIN MIT DEN FELDERN
UTHWERDUM
Botterfleth
Schweitief
Georgsheil
N
0
1
2 km
B 210

AUF EINEN BLICK

- **Start/Ziel:** Bahnhof Marienhafe
- **Strecke/reine Radelzeit:** 31 km (Rundtour), 2 Std. 30
- **Wegbeschaffenheit:** Überwiegend geteert, nur an den Kanälen wird es ab und an etwas holprig.
- **Beste Zeit:** Frühling und Herbst.
- **Mitnehmen:** Mückenschutz.

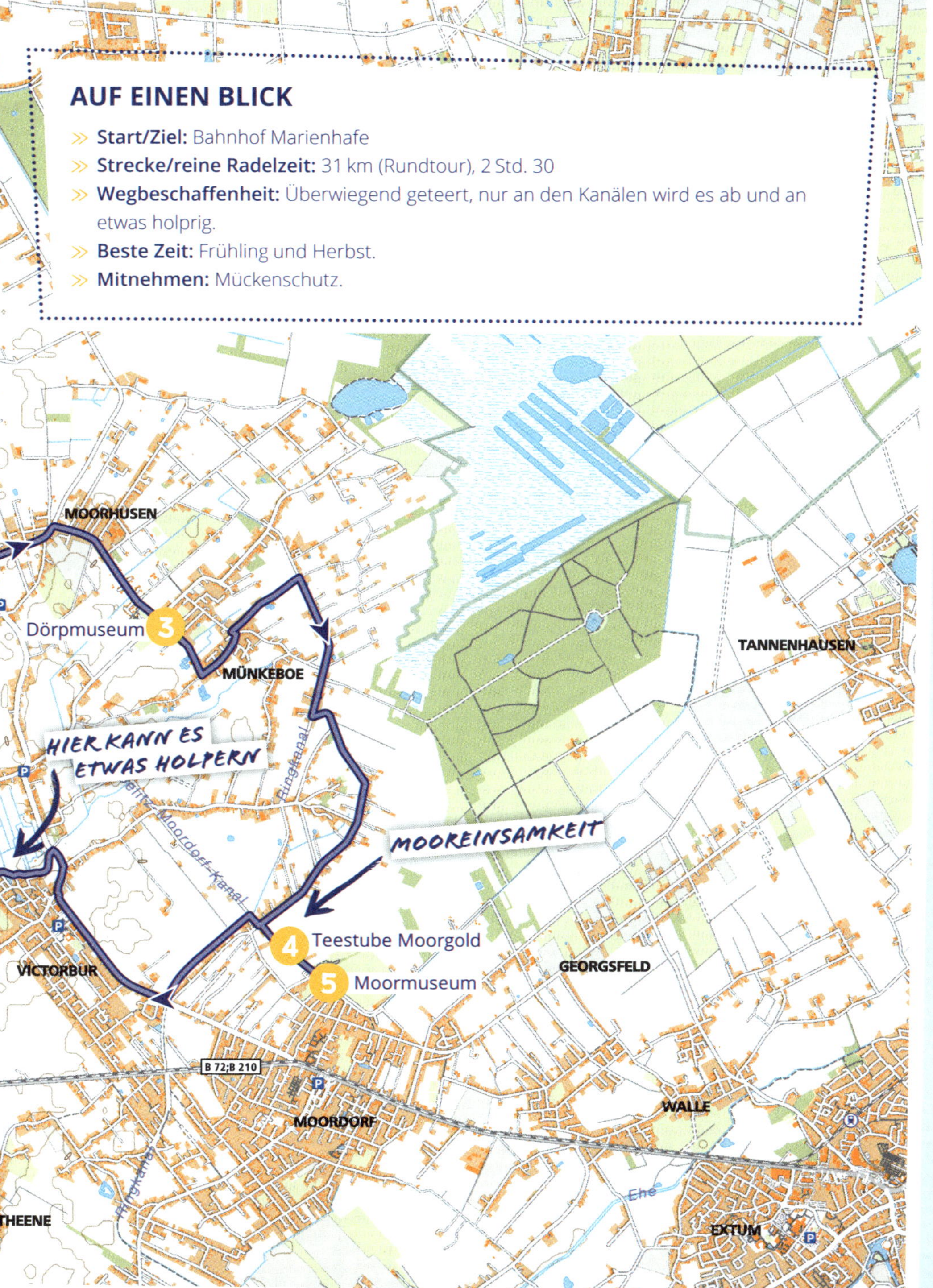

DIE RADELPAUSEN

» START
Bahnhof Norddeich

KM 2
1 Seehundstation
Sich in Knopfaugen verlieben

KM 2,4
2 Das Deck
Hallo Dünen!

KM 8
3 Waloseum
Mit den Walen singen

11 Das Meer & seine Bewohner

Von Norddeich an der Küste entlang nach Norden

Es klatscht, platscht, rauscht und knistert – die Nordsee und das Watt lassen sich unterwegs mit allen Sinnen erleben: Süße Seehunde sind zu sehen, Sand kribbelt an den Füßen, und auch die Wucht des Windes ist zu spüren.

KM 19

4 Naturstrand Hilgenriedersiel
Am Meer durchatmen

KM 23

5 Fischimbiss Eilts
Frischen Fisch genießen

KM 26

6 Windpark Ostermarsch
Die Kraft des Windes spüren

KM 35 » ZIEL

Bahnhof Norden

SCHAFE STAKSEN AM DEICH ENTLANG, ...

... und auch andere Bewohner:innen der Küste und des Meeres sind unterwegs nie weit: Nach einer kurzen Fahrt durch ein Wohngebiet erreicht man die **Seehundstation** in Norddeich. Danach begleitet einen das Meer: Vom **Deck** aus geht es am Deich entlang. Linker Hand ziehen die Gedanken mit den Fähren und Kuttern hinaus aufs Wasser. Danach scheinen die Inseln Juist, Norderney und Baltrum zum Greifen nah zu sein.

DURCH SALZWIESEN FÄHRT MAN ZUM STRAND UND SIEHT DAS MEER HINTER DEN HALMEN AUFBLITZEN

Richtung **Waloseum** gilt es, den Lenker gut festzuhalten: Ein Teilstück führt über einen Feldweg, auf dem auch schon einmal Steinchen und Pfützen auftauchen. Weiter am Deich entlang wird der angenehm befahrbare Weg dann fair geteilt – oder jedenfalls so, wie die Schafe es für fair halten: Mal besetzen sie gute 90 Prozent und man kurvt um die wolligen Leiber herum, dann wieder geben sie die Strecke frei und grasen betont desinteressiert am Rand.

Weil ein Teil zur Ruhezone im Nationalpark gehört, ist der Weg nicht durchgängig bis nach Hilgenriedersiel befahrbar, aber es macht gar nichts, für kurze Zeit ins Hinterland auszuweichen: Dort lassen sich viele Vögel beobachten. Über den Deich geht es dann mitten durch die Salzwiesen zum **Naturstrand**.

Auf dem Weg zum **Fischimbiss Eilts** ist Vorsicht angeraten: Hier teilt man sich die Straße auf etwa drei Kilometern Länge mit Autos, da ein Radweg fehlt. Wenn der Wind in den Ohren pfeift, sind die Fahrzeuge, die sich von hinten nähern, manchmal erst spät zu hören. Das Stück ist aber schnell geschafft.

Bald rollt man weiter durch Felder, oft ist man ganz allein, und nur vereinzelt sprenkeln Höfe die Landschaft. Die ersten Windenergieanlagen kommen in Sicht – und schon findet man sich mitten im **Windpark Ostermarsch** wieder. Links sprießt Wald, rechts drehen sich Mühlenflügel, vorne taucht das Marschtief auf, über das eine schmale Brücke führt. Höfe und Häuser rücken enger zusammen, Norden kommt näher. Durch ein Wohngebiet und über das Norder Tief gelangt man zum Bahnhof. «

Eins, zwei, drei ... viele! An Schafen herrscht unterwegs kein Mangel.

Meerblick inbegriffen: Die Schafe halten das Gras auf den Deichen kurz.

Unterwegs kommen die Kutter im Hafen in Norddeich in Sicht.

RADELN & GENIEẞEN

Bahnhof Norddeich

Mit dem Bahnhof im Rücken links auf Molenstraße, rechts auf Hattermannsweg, weiter über Norddeicher Straße in Am Warft, am Ende über den kleinen Weg rechts bis zur Nordmeerstraße, links abbiegen und rechts auf Riffstraße fahren.

Hallo, wer bist du denn? Seehunde sind neugierig – und den großen Knopfaugen kann kaum jemand widerstehen.

KM 2

1 **Seehundstation**

Sich in Knopfaugen verlieben

Wenn sie mit ihren dunklen Knopfaugen schauen, kann man gar nicht anders, als sie niedlich zu finden: In der Seehundstation (seehundstation-norddeich.de) in Norddeich werden verwaiste Seehundwelpen versorgt, artgerecht aufgezogen und im Herbst zurück ins Meer gebracht. Durch große Fenster lassen sich die Tiere unter Wasser beim Schwimmen beobachten, und auch bei der Fütterung kann man zusehen. Nebenbei lernt man eine Menge über das Wattenmeer und die Nordsee als Lebensraum. Außerdem gibt es Einblicke in den Wattboden, das Innere einer Muschel und den Bauch eines Seehundes. Übrigens: Wer einen Heuler – so bezeichnet man verwaiste Seehundbabys – in der Natur entdeckt, sollte vor allem Abstand halten und die Seehundstation informieren.

Über den schmalen Pfad durch den Park zum Strandpadd fahren und durch den Kurpark dem Weg zum Deich folgen.

Ab zum Strand: In Norddeich geht es in die Dünen.

KM 8

3 Waloseum

Mit den Walen singen

Leben in der Nordsee wirklich Wale oder ist das nur ein Gerücht? Tatsächlich haben sich einige Arten mit dem Wechsel von Ebbe und Flut arrangiert – andere allerdings sind auf ihrem Weg nur falsch ins Wattenmeer abgebogen. Im Waloseum (www.seehundstation-norddeich.de/website/waloseum) lernen Interessierte mehr über die Lebewesen der Nordsee: Sie erfahren, wie ein Pottwal auf Norderney strandete, wie ein Seestern von unten aussieht und wie sich Walgesänge anhören. Mittelpunkt der Ausstellung ist das Skelett eines 15 Meter langen Pottwals. Außerdem gibt es einen Einblick in die Quarantänestation, in der gefundene junge oder verletzte Seehunde und Kegelrobben die ersten Tage verbringen, bevor sie in die Seehundstation umziehen dürfen.

Über Osterlooger Weg und Westerlooger Strohweg zurück zum Deich, über den Deich und rechts abbiegen. In der Ruhezone auf den Weg hinter dem Deich ausweichen, den Schildern Richtung Hilgenriedersiel folgen.

KM 2,4

2 Das Deck

Hallo Dünen!

Wie ist das eigentlich mit den Dünen? Wo kommen sie her, wo gehen sie hin, was wollen sie, wer lebt dort – und warum sind sie so wichtig? Ein Lehrpfad informiert nicht nur über das nicht ganz so geheime Leben der Dünen, sondern auch über das Leben am und im Wattenmeer. Der Rundweg streift außerdem die Promenade, die kilometerweit am Meer entlangführt. Hier kann man sich auf eine der zahlreichen Bänke setzen und dem Rauschen der Wellen zuhören – oder dem Knistern des Wattbodens, wenn gerade Ebbe ist. Es gibt übrigens sogar Strandkörbe für Hunde.

Immer auf der Wasserseite am Deich entlang, an den Fähranlegern vorbei bis zum Westerlooger Strohweg. Rechts abbiegen und bei der ersten Möglichkeit links in den Feldweg. Von dort rechts auf den Osterlooger Weg.

15 Meter lang ist das Skelett des Pottwals, der 2003 vor der Insel Norderney strandete.

Natur pur am Naturstrand in Hilgenriedersiel: Hier ist alles so, wie die Natur es schuf.

KM 19

4 Naturstrand Hilgenriedersiel
Am Meer durchatmen

Eine ungezähmte Gegend und wilde Weite: Wer das ordentlich-geschniegelte Erscheinungsbild der übrigen Strände nicht schätzt, findet am unberührten Naturstrand in Hilgenriedersiel sein Glück. Hinter Salzwiesen versteckt sich das Wasser – oder je nach Tide auch das Watt. Viele Vögel, wenig Menschen, jede Menge Ruhe und Natur: Hier lässt es sich richtig gut durchatmen – und man bekommt einen Eindruck davon, wie die Küste aussähe, wenn der Mensch nicht Hand anlegen würde. Man sollte aber auch darauf vorbereitet sein, dass einen kein weißer Sand erwartet, es nichts zu futtern und zu trinken gibt und man auch Toiletten vergebens sucht – Natur pur eben.

Geradeaus auf Hilgenriedersiel, rechts auf Theener Weststreek/Hufschlag. Vorsicht, hier fehlt ein Radweg.

KM 23

5 Fischimbiss Eilts
Frischen Fisch genießen

Nachdem man nun so viel vom Meer und seinen Bewohnern gehört, sich den Wind um die Nase wehen lassen, gebadet oder mit den Füßen im Watt herumgeschwubbert hat, dürfte der ein oder andere Magen Hunger melden. Wie gut, dass Abhilfe naht – doch wer nicht aufpasst, radelt womöglich daran vorbei, denn der Fischimbiss Eilts liegt ein wenig abseits der Straße. Vorne weisen ein kleines Schiff und ein Leuchtturm auf das Restaurant hin. Da wäre einem aber sonst was entgangen: Hier kann man sich sowohl mit frischem Fisch als auch mit warmen Fischgerichten eindecken. Lecker und knusprig ist der Backfisch, ebenso lohnen sich die hausgemachten Produkte aus der Räucherei.

Der Straße folgen, dann links in Breiter Weg. Kurz nach Meint-Ehlen-Weg rechts abbiegen und weiter durch den Windpark fahren.

Kleine Stärkung: Ein Zwischenhalt beim Fischimbiss gibt Kraft für den weiteren Weg.

In der flachen Landschaft fallen die Windräder besonders auf.

EXTRA INFOS:

Alternative als Rundtour (fünf Kilometer länger): Von der Schulstraße nicht in die Baumstraße, sondern der Straße folgen. Es geht fast durchweg geradeaus, auch wenn es nach Zickzack klingt: rechts auf Am Zingel, links auf Brummelkamp, rechts auf Gartenstraße, rechts auf Feldstraße, links auf Jahnstraße, links auf Am Sportplatz, rechts auf Im Stuvert und von dort geradeaus an der Bahn entlang zum Bahnhof Norddeich fahren.

KM 35 » ZIEL

Bahnhof Norden

KM 26

6 Windpark Ostermarsch

Die Kraft des Windes spüren

Wusch-wusch-wusch: Die Windräder sind nicht nur schon von Weitem zu sehen, sondern sie lassen sich auch mit allen Sinnen erleben. Der Weg führt mitten durch den Windpark und teils sehr nah an den riesigen Mühlen vorbei. Spitze Schatten zucken über die Wege, wenn die Flügel sich drehen und mehr als 60 Anlagen unbeirrt ihre Kreise ziehen. Auch das Wirbeln der Rotoren durch die Luft ist deutlich zu hören. So nah wie hier kommt man den Anlagen selten – und kaum irgendwo sonst lässt sich die Kraft des Windes an der Küste so direkt erleben.

Am Marschtief rechts abbiegen, über die Brücke fahren und links in Wester Wischer fahren, der zum Ekeler Weg wird. Über die B 72 auf Ekeler Weg/Schulstraße, links in Baumstraße, rechts auf Osterstraße, direkt wieder links auf Im Horst. Links auf Bahnhofstraße.

Unterwegs in der Natur.

AUF EINEN BLICK

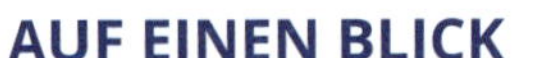

- **Start:** Bahnhof Norddeich
- **Ziel:** Bahnhof Norden
- **Strecke/reine Radelzeit:** 35 km (eine Strecke), 2 Std. 30
- **Wegbeschaffenheit:** Meist geteerte Wege, aber zum Waloseum wird es holprig.
- **Beste Zeit:** Im Sommer.
- **Mitnehmen:** Sonnencreme, Badezeug.

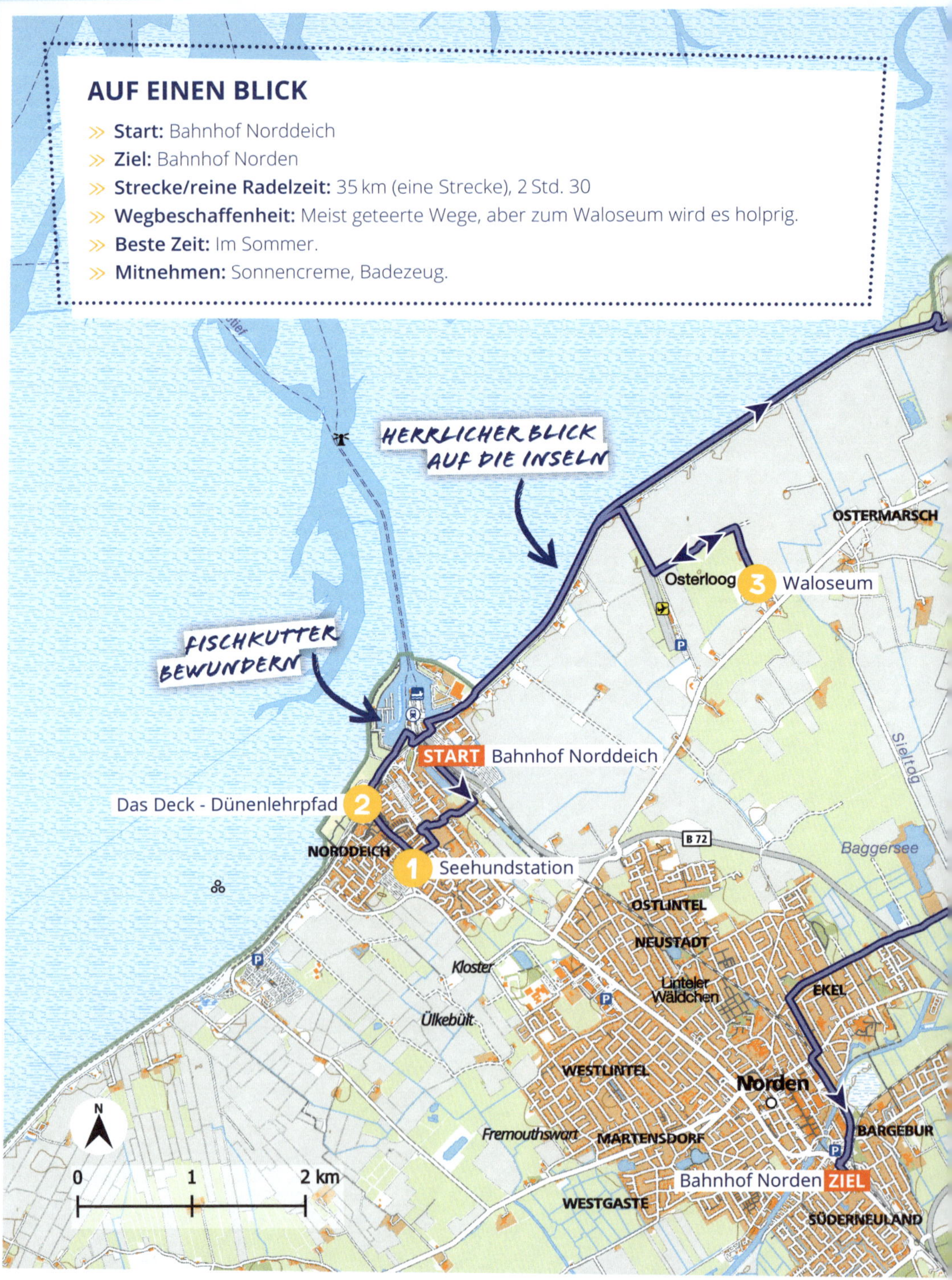

HERRLICHER BLICK AUF DIE INSELN
FISCHKUTTER BEWUNDERN
START Bahnhof Norddeich
Das Deck - Dünenlehrpfad 2
1 Seehundstation
Osterloog 3 Waloseum
OSTERMARSCH
Sieltog
B 72
Baggersee
NORDDEICH
OSTLINTEL
NEUSTADT
Linteler Wäldchen
Kloster
Ülkebült
EKEL
WESTLINTEL
Norden
Fremouthswarf
MARTENSDORF
BARGEBUR
Bahnhof Norden ZIEL
WESTGASTE
SÜDERNEULAND
N
0 1 2 km

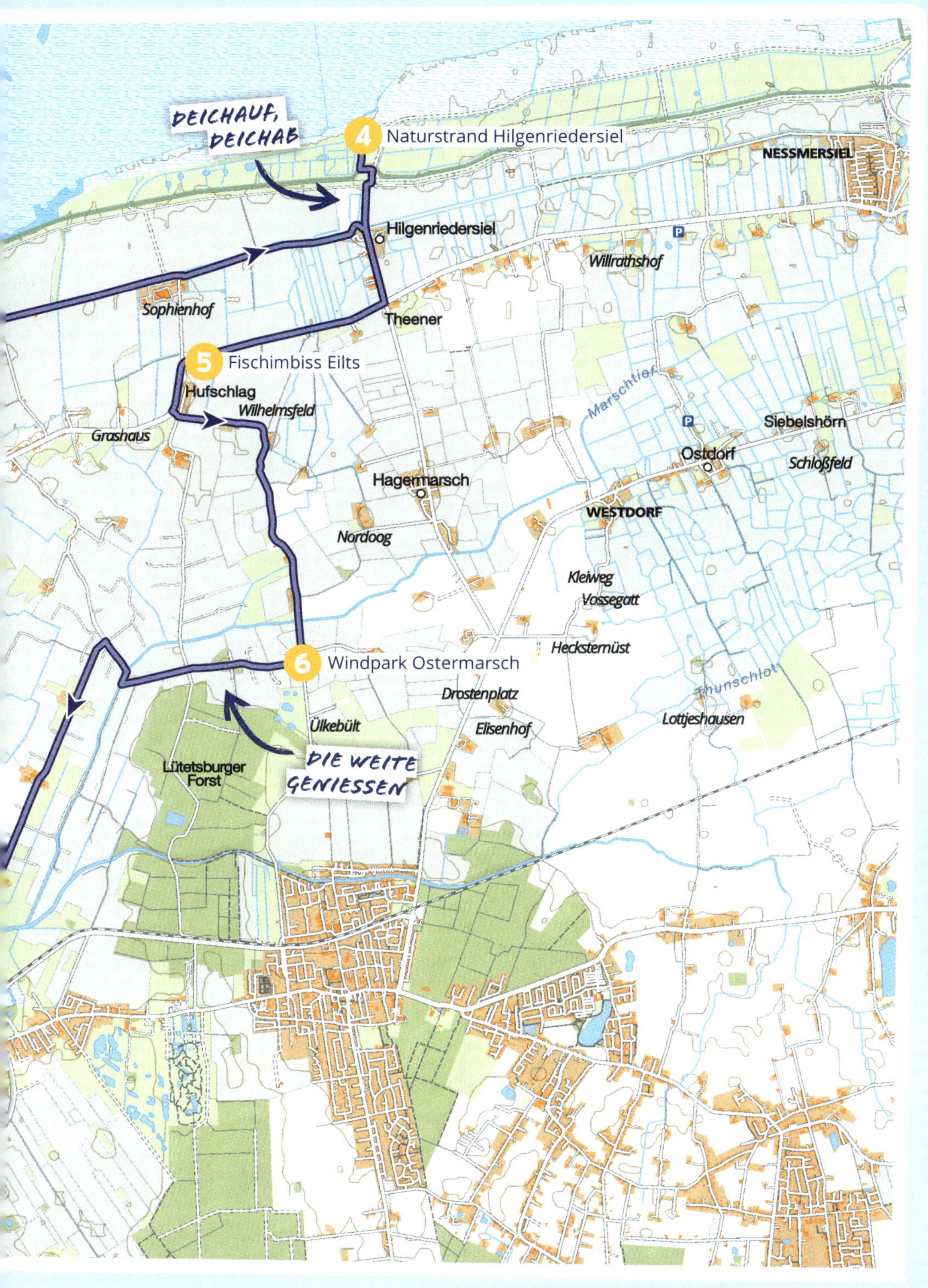

DEICHAUF, DEICHAB
4 Naturstrand Hilgenriedersiel
NESSMERSIEL
Hilgenriedersiel
Willrathshof
Sophienhof
Theener
5 Fischimbiss Eilts
Hufschlag
Wilhelmsfeld
Grashaus
Marschtief
Siebelshörn
Ostdorf
Schloßfeld
Hagermarsch
WESTDORF
Nordoog
Kleiweg
Vossegatt
Heckstemüst
6 Windpark Ostermarsch
Drostenplatz
Thunschlot
Lottjeshausen
Elisenhof
Ülkebült
DIE WEITE GENIESSEN
Lütetsburger Forst

DIE RADELPAUSEN

» START
Bahnhof Norden

KM 4
1 Schloss Lütetsburg
Durch den Garten schwirren

KM 4
2 Schlossparkcafé
Mit Kuchen die Zeit vergessen

KM 6
3 Paddel- und Pedalstation in Hage
Sich einfach mal treiben lassen

12

HÄUPTLINGE & GRAFEN

Durch Norden, Hage und am Berumerfehnkanal entlang

In Ostfriesland herrschten einst die Häuptlinge. Die Route folgt ihnen und den Spuren frühen Adels zu Schlössern und Burgen. Besonders idyllisch ist das Wegstück am Berumerfehnkanal mitten in der Natur – und auch für die Norder Innenstadt ist Zeit.

KM 8

4 Burg Berum

Den Häuptlingen auf der Spur

KM 16

5 Kammerschleuse

In die Vergangenheit blicken

KM 29

6 Ostfriesisches Teemuseum

Sich der Obrigkeit widersetzen

KM 30 » ZIEL

Bahnhof Norden

SCHLÖSSER UND BURGEN ...

... vermutet man in Ostfriesland im ersten Moment womöglich nicht, aber auch hier residier(t)en Häuptlinge und Grafen. Die Tour führt schnell aus Norden hinaus. Hinter Wohnsiedlungen lockt das Grün – und schon sind mit **Schloss Lütetsburg** und dem benachbarten **Schlossparkcafé** die beiden ersten Zwischenhalte samt Adelsfeeling erreicht.

Danach fährt es sich ruhig an kleinen Siedlungen und Grünland entlang bis zur **Paddel- und Pedalstation in Hage**. Nach einem Ausflug auf dem Norder Tief geht es entspannt weiter durch eine Wohnsiedlung und schnell zur **Burg Berum**.

DEN KANAL TEILT MAN SICH NUR MIT EIN PAAR ENTEN UND IST GANZ ALLEIN UNTER DEN BÄUMEN

Allmählich wird es ländlicher, und kurz bevor der Weg in die Friesenstraße abzweigt, grüßt auf der anderen Straßenseite mit der »Liebeserklärung an Ostfriesland« eine Kunstskulptur. Die Häuser rücken nun immer mehr in den Hintergrund, stattdessen meldet sich die Natur: Lerchen trillern und flattern umher, Wind streicht durch die Haare, und bald ist der Berumerfehnkanal mit der **Kammerschleuse** in Sicht.

Anschließend geht es immer am Kanal entlang schnurgerade durch die Landschaft. Erst säumen noch einzelne Häuschen das Ufer, dann wird es immer einsamer. Schließlich ist man ganz allein mit Wasser, Wind und Bäumen. Kurz darauf folgt der Weg dem nördlichen Arm des Kanals und zieht sich in Richtung Norden durch ein kleines Wäldchen.

Dass der Kanal sich irgendwann verabschiedet und einfach endet, ist gar nicht schlimm, denn schon schließt sich die Fußgängerzone an: Hier reihen sich niedliche Cafés und Lädchen aneinander und es gilt, das Rad etwa 500 Meter weit zu schieben. Danach geht es vorbei am Markt und der Ludgeri-Kirche zum **Ostfriesischen Teemuseum**. Übrigens, kein Ostfriesenwitz: Das Ostfriesische Teemuseum und das Teemuseum liegen fast nebeneinander. Richtig für die Tour ist Ersteres, Letzteres dagegen ist eine Privatsammlung zur Kulturgeschichte des Tees. Anschließend fährt man zurück zum Bahnhof. «

In Berumbur hat ein Künstler seine Heimatliebe ausgedrückt.

Typisch Ostfriesland: Am Weg liegen einige Mühlen, darunter die Rote Mühle in Berumerfehn.

Das Café ten Cate in der Norder Innenstadt spielt in den Romanen des Krimiautors Klaus-Peter Wolf eine wichtige Rolle.

RADELN & GENIEẞEN

START

Bahnhof Norden

Die Bahnhofstraße in Richtung Innenstadt radeln, rechts auf Im Horst, rechts auf Heerstraße. Über die erste Ausfahrt im Kreisel auf Landstraße fahren.

Im Schlosspark Lütetsburg ziehen Schwäne ihre Kreise auf dem Wasser.

KM 4

1 **Schloss Lütetsburg**

Durch den Garten schwirren

Pfauen stolzieren umher, weiße und schwarze Schwäne gleiten über das Wasser, ab und zu zischt ein Eisvogel durch die Luft: Der Garten von Schloss Lütetsburg ist ein kleines Paradies (www.luetetsburg.com/de). In den Baumkronen leben 38 Vogelarten, darunter Blaumeisen, Grünfinken und Blaukehlchen. Vorne im Park brütet die gefährdete Rauchschwalbe, und Fledermäuse fühlen sich in den alten Bäumen wohl. Hier lohnt sich ein ausgiebiger Spaziergang. Das Schloss Lütetsburg geht zurück auf das Häuptlingsgeschlecht der Manninga und fiel in den Besitz der Grafen zu Inn- und Knyphausen, deren Familie bis heute das Wasserschloss bewohnt. Die Grünanlage mit ihren verschlungenen Wegen, Skulpturen und Pavillons stammt vom Ende des 18. Jahrhunderts.

Das Schlossparkcafé ist direkt nebenan.

Zeit für eine Pause: Vom Schlosspark zum Café ist es nicht weit.

Mit Kanus lassen sich die Gewässer rund um Hage vom Wasser aus erkunden.

AB AUFS WASSER

KM 4

Schlossparkcafé

Mit Kuchen die Zeit vergessen

Und weil es beim Schloss so schön ist, bleibt man am besten noch einen Moment: Im Schlossparkcafé (www.luetetsburg.com/de/angebote/gastronomie/schlossparkcafe) lässt es sich herrlich draußen im Garten sitzen – oder man legt sich gleich in einen der Liegestühle und vergisst dort die Zeit. Falls das Wetter doch einmal nicht so angenehm sein sollte, kann man auch im alten Gewächshaus unter mehr als 50 Jahre alten Rebstöcken speisen und dort zum Beispiel die leckeren Kuchen und Torten genießen oder es sich mit einem warmen Gericht gut gehen lassen.

Weiter auf der Landstraße, links in Breiter Weg. Rechts auf Negen Dimt, weiter links auf Negen Dimt und dem Weg folgen. Rechts auf Am Bootshafen.

KM 6

Paddel- und Pedalstation in Hage

Sich einfach mal treiben lassen

Entspannt mit dem Boot über das Wasser gleiten oder sich ins Zeug legen und tüchtig paddeln – auf dem Norder Tief (www.bootshafen-hage.de) ist beides möglich. Das Gewässer schwappt von Hage aus durch die ostfriesische Landschaft. Bei einer zweistündigen Schnuppertour lässt sich die nasse Umgebung prima erkunden. Entweder lässt man sich um Hage herumtreiben oder steuert eine der Pausenstationen an. Ganz gleich, für welche Richtung man sich entscheidet – die beiden nächsten Stationen sind jeweils rund eine Stunde entfernt. Zur Station Tidofeld geht es gen Westen in Richtung der Stadt Norden, die Station Marienhof erreicht man, wenn man nach Osten paddelt.

Weiter über Am Bootshafen, an der Brücke rechts auf Stettiner Straße. Über Küstenbahnstraße, dann rechts auf dem Weg an der Straße entlang, erste Möglichkeit links auf Bahnhofstraße. Weiter links auf Hauptstraße und Berumer Allee.

In der Wasserburg in Berum kann man sogar übernachten – und zwar in den alten Verliesen.

KM 8

Burg Berum

Den Häuptlingen auf der Spur

Hinter einem Graben und jeder Menge Hagebutten versteckt sich die Wasserburg Berum (burgberum.de). Sie stammt mindestens von 1310, aber so ganz genau weiß das heute niemand mehr. Einst lebten hier die Häuptlinge Syrtza, später mit Ulrich Cirksena von Greetsiel der erste Graf von Ostfriesland. Das Gebäude wurde umgestaltet und galt schließlich als das am prachtvollsten ausgestatte Schloss Ostfrieslands. 1744 fiel es allerdings dem preußischen König Friedrich II. zu. Dem war die Burg herzlich egal – er ließ sie zunächst verfallen und dann abreißen, nicht aber, ohne zuvor noch das kostbare Inventar zu versteigern. Erhalten geblieben ist bis heute die Vorburg mit dem Turm und dem Tor. 1970 kaufte die Adelsfamilie von Oppeln-Bronikowski die Burg und bewohnt sie nach wie vor.

Weiter auf Berumer Allee und rechts auf Hauptstraße. Rechts in Friesenstraße, links auf Linienweg und gleich wieder rechts auf Brückstraße. Über den Kanal, rechts dem Kanal folgen. Links über die kleine Brücke auf den Verlaatsweg fahren.

KM 16

5

Kammerschleuse

In die Vergangenheit blicken

Träge stemmen sich die Holztore gegen die Strömung: Die Schleuse am Berumerfehnkanal ist längst in Rente gegangen und arbeitet nur noch ab und an für Sportboote. Ihre große Zeit liegt mehr als 150 Jahre zurück. Um 1800 wurde der Kanal gegraben, um das Moor zu entwässern und Torf über das Wasser zu schippern. Ohne Schleusen konnten die Höhenunterschiede nicht überwunden werden – und so wurde 1850 die Kammerschleuse gebaut. Allzu romantisch darf man sich den Transport über den Kanal nicht vorstellen: Die Torfkähne wurden per Muskelkraft bewegt. Ein Mann am Ufer trug ein Geschirr über Brust und Rücken und zog das Schiff mit einem Tau – echte Schwerstarbeit. Sein Partner auf dem Kahn versuchte unterdessen, das Schiff mit einer Holzstange zu lenken, damit es nicht in die Böschung treidelte.

Zurück über den Verlaatsweg, dem Kanal folgen. An der Großheider Straße auf die andere Kanalseite. Beim Klappbrücker Weg erneut die Seite wechseln. An der B 72 rechts über den Treidelpfad bzw. Treckpad und dem Kanal folgen. Über den Kanal, links auf Moortief, links auf Heerstraße und auf Brückstraße. Bei Kaufland über die Brücke in die Fußgängerzone auf Neuer Weg (Rad schieben), links über die Osterstraße zum Teemuseum.

Die Kammerschleuse am Berumerfehnkanal spielte einst eine wichtige Rolle, um Torf zu transportieren.

Darf es noch ein bisschen Tee sein? Im Teemuseum in Norden dreht sich alles um das liebste Getränk der Ostfriesen.

KM 29

6 **Ostfriesisches Teemuseum**

Sich der Obrigkeit widersetzen

Ach, das Volk: Nie macht es, was die Obrigkeit möchte – jedenfalls nicht, wenn es um Tee geht. Dieser gelangte erstmals um 1610 nach Europa, galt zunächst als Medizin und wurde dann auch als Getränk beliebt. Friedrich II. fand das zunächst positiv, tranken die Ostfriesen dadurch doch weniger Bier. Aber Tee musste teuer importiert werden. Schon bald versuchte Friedrich II. deshalb, ihn den Ostfriesen wieder abzugewöhnen. Ein Erlass aus 1778 besagt etwa, dass durch die Einfuhr Gelder und Steuereinnahmen verschwendet würden und lieber mehr Bier gebraut werden sollte. Das aber ließen die Ostfriesen sich nicht sagen und schmuggelten ihren Tee stattdessen lieber – und das längst nicht zum letzten Mal in ihrer Geschichte. Alles darüber wird im Museum verraten (teemuseum.de).

Rechts auf Burggraben, im Kreisel erste Ausfahrt nehmen.

EXTRA INFOS:

Am Berumerfehnkanal liegt etwas versteckt die ● **Rote Mühle** (Mühlenweg 1 in Großheide), an der sich eine Pause anbietet. Sie ist eine der jüngsten Windmühlen in Ostfriesland und manchmal noch in Betrieb, um Getreide für Viehfutter zu mahlen – allerdings nur noch mit Motorkraft durch Strom und längst nicht mehr durch den Wind.

Schlafen im Gefängnis? Klingt nicht ganz so traumhaft – es sei denn, es handelt sich dabei um Räume in der **Burg Berum** (www.burgberum.de – Stopp 4). Zwei Doppelzimmer im Turm dienten einst als Verliese. Es gibt noch weitere Räume, von denen man auf die große Blutbuche blickt. Während des Aufenthalts können Gäste den weitläufigen Burgpark und den Garten mitnutzen, in dem es gemütliche Sitzplätze und eine Baumschaukel gibt.

KM 30 » ZIEL

Bahnhof Norden

Die Deichmühle in Norden will hoch hinaus und ist schon von Weitem zu sehen.

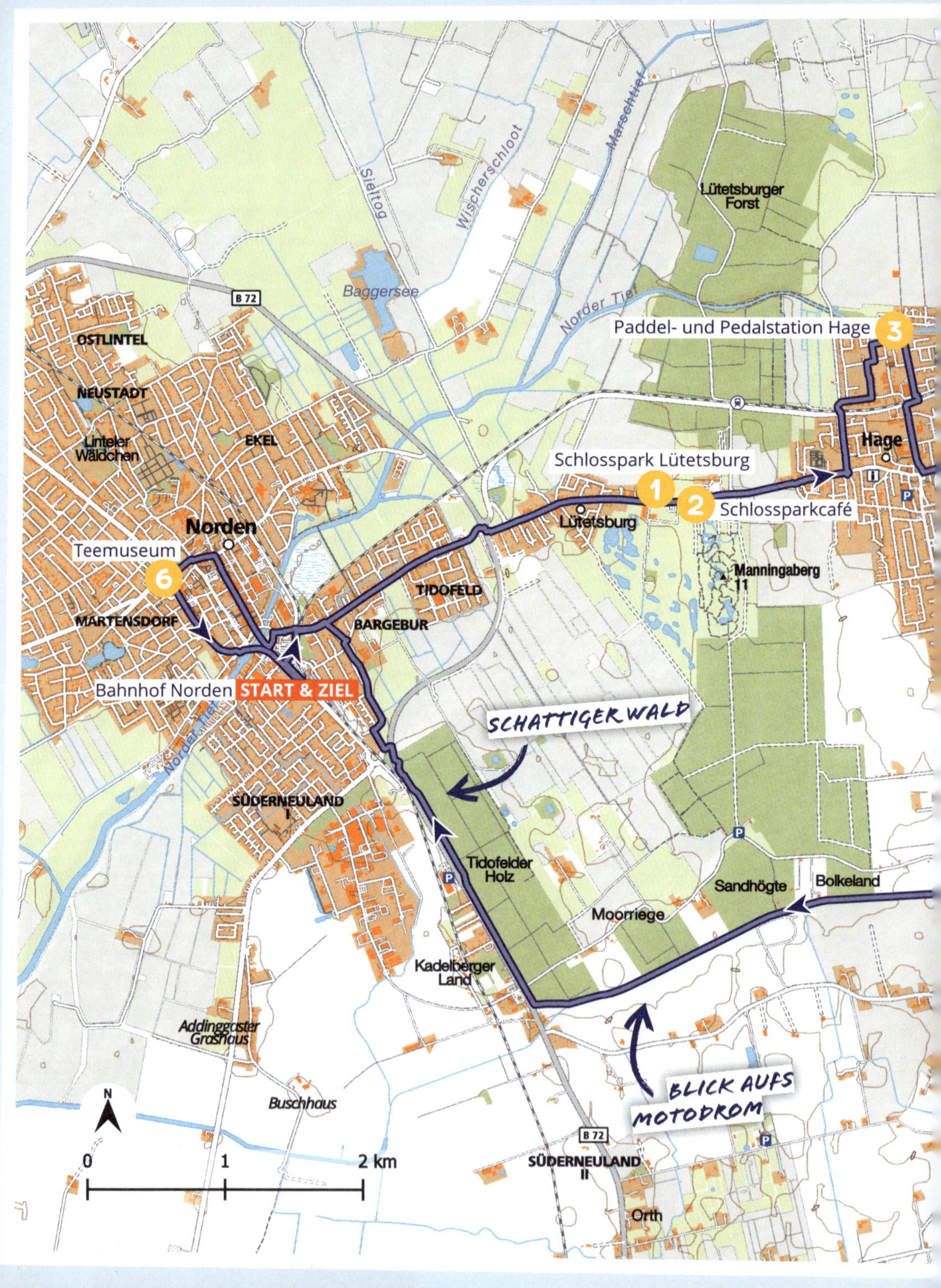

Lütetsburger Forst
Sieltog
Wischerschloot
Marschtief
Baggersee
B 72
Norder Tief
Paddel- und Pedalstation Hage
3
OSTLINTEL
NEUSTADT
Linteler Wäldchen
EKEL
Hage
Schlosspark Lütetsburg
1
2
Schlossparkcafé
Lütetsburg
Norden
Teemuseum
6
Manningaberg 11
TIDOFELD
MARTENSDORF
BARGEBUR
Bahnhof Norden
START & ZIEL
SCHATTIGER WALD
SÜDERNEULAND I
Tidofelder Holz
Sandhögte
Bolkeland
Moorriege
Kadelberger Land
Addinggaster Grashaus
Buschhaus
BLICK AUFS MOTODROM
N
0
1
2 km
SÜDERNEULAND II
Orth

AUF EINEN BLICK

- **Start/Ziel:** Bahnhof Norden
- **Strecke/reine Radelzeit:** 30 km (Rundtour), 2 Std.
- **Wegbeschaffenheit:** Asphaltierte Strecke.
- **Beste Zeit:** Frühling bis Herbst.
- **Mitnehmen:** Sonnencreme, Mückenschutz.

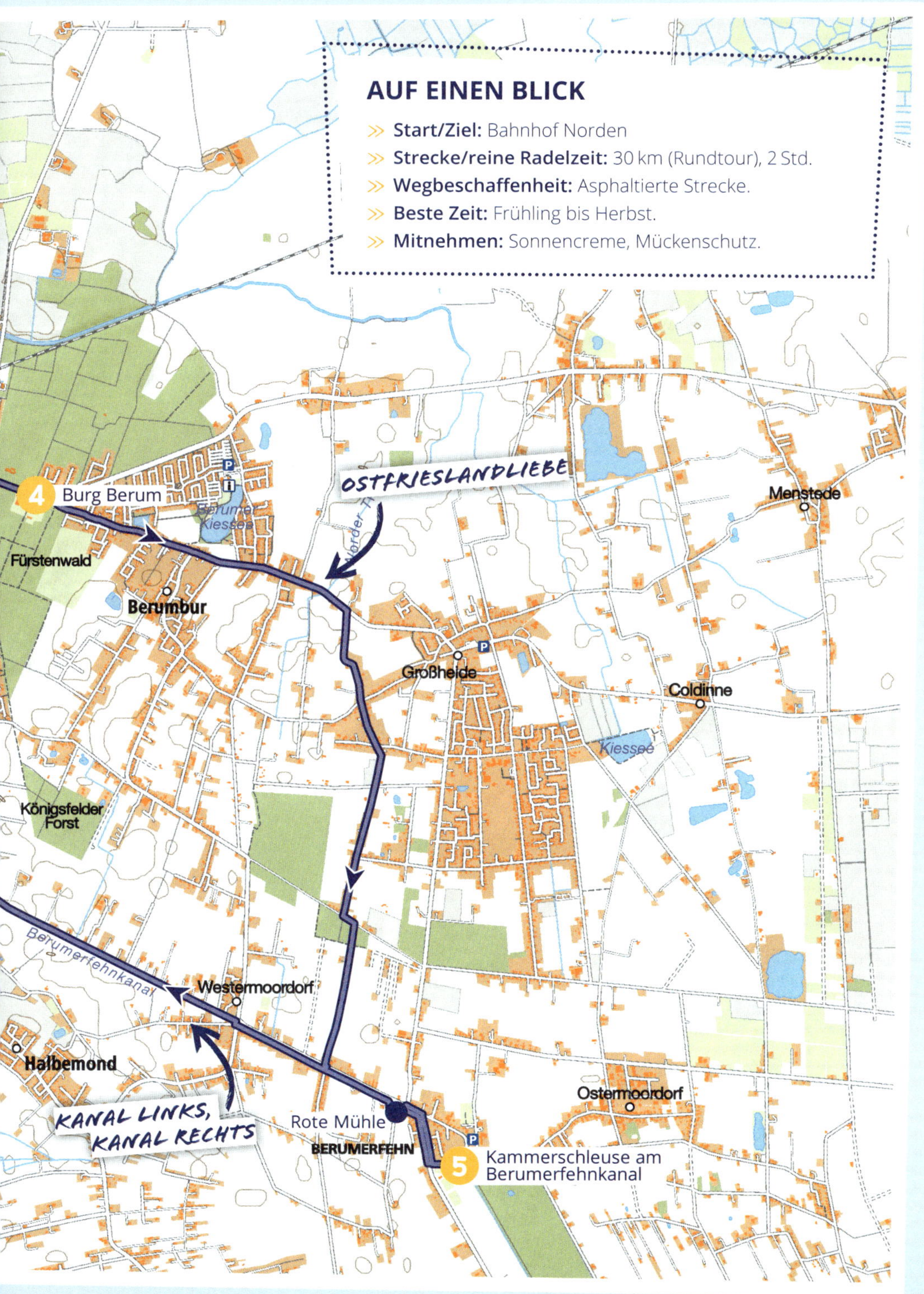

DIE RADELPAUSEN

» START
Fährandleger Norderney

KM 1

1 Steg ins Watt
Das Meer begrüßen

KM 3

2 Vogelbeobachtung am Südstrandpolder
Von den Vögeln schwärmen

KM 13

3 Leuchtturm
In die Ferne blicken

13 DÜNEN & WILDE NATUR

Die Insel Norderney mit dem Rad erkunden

Die Tour führt schnell in den wilden Osten der Insel, in dem die Natur weitgehend sich selbst überlassen ist. Es ist ausreichend Zeit für ein Bad in der Nordsee – und um Norderney von oben zu betrachten.

DAS MEER IST IMMER GANZ NAH, …

… denn Norderney ist nur maximal 2,5 Kilometer breit, an vielen Stellen auch deutlich schmaler. Es geht einmal rund um die Insel – jedenfalls soweit sie mit dem Rad befahrbar ist. Vom Fähranleger führt der Weg zum **Steg ins Watt** und oben auf dem Deich entlang. Linker Hand streift die Tour den Ort, während sich rechts der Blick über das Meer auf das Festland öffnet. Von der Deichkrone aus ist der Ausblick prima: Einige Dünen sind zwar noch höher, aber ansonsten stört nichts die Sicht. Der Wind surrt durch die Speichen, zupft an den Haaren und kribbelt in den Ohren. Wie kaum irgendwo sonst stellt sich ein Gefühl von Freiheit ein.

HERRLICH: WENN MAN ALLEIN AUF DEM DEICH AUFS MEER BLICKT UND SICH VOM WIND DURCHPUSTEN LÄSST

Das passt zur **Vogelbeobachtungsstation am Südstrandpolder**, wo die Vögel durchs Wasser paddeln und durch die Luft toben. Apropos Fliegen: Auf der linken Seite kommt bald der Flugplatz in Sicht, auf dem die Flieger zum Festland starten und landen.

Je weiter der Weg gen Osten führt, desto wilder wird es. Das gilt für die Natur, allerdings auch für den Untergrund: Der gepflasterte Weg auf dem Deich ist nicht mehr überall gut in Schuss. Aber es ist ohnehin etwas weniger Tempo angesagt, um den Ausblick und die Ruhe zu genießen. Bei Gegenwind kann man sowieso nicht rasen, weil diesem nichts die Wucht nimmt.

Was gerade noch Gegenwind gewesen sein mag, ändert sich jedoch womöglich schnell, da die Route ihre Richtung bald um 180 Grad dreht (Daumen drücken, dass der Wind nicht auch auf diese Idee kommt!). Nach einem Abstecher in die Dünen geht es zum **Leuchtturm**, dem höchsten Bauwerk auf der Insel. Von dort ist es nicht mehr weit bis zur **Weißen Düne**, wo der herrliche Sandstrand zu einer Pause einlädt. Auch auf der **Aussichtsdüne**, die sich zwischen den anderen Dünen ob ihrer Höhe nicht so recht zu tarnen vermag, lässt es sich gut aushalten.

Langsam rückt dann das Dorf schon wieder näher. Wenn die Sonne sich senkt, kann man das wunderbar aus der **Milchbar** beobachten, bevor man zurück zum Fähranleger radelt.

RADELN & GENIEßEN

Erst einmal ankommen: Vom Fähranleger ist es nicht weit zum Steg ins Watt.

Fähranleger Norderney

Rechts am Jachthafen entlangfahren.

KM 1

1 Steg ins Watt

Das Meer begrüßen

Einfach am Meer sitzen, die Beine baumeln lassen und sich entspannen: Das ist hier möglich.

Bei Ebbe fällt er trocken, aber bei Flut kann man auf dem Steg auch schon einmal nasse Füße bekommen.

Ein breiter Steg führt von der Promenade aus direkt ins Watt. Bei Ebbe lässt sich von dort aus das Wattenmeer erkunden, bei Flut verschluckt das Wasser den hinteren Bereich des Stegs. Bänke laden dazu ein, ein wenig zu verweilen, den Möwen zuzuhören und den Blick aufs Wasser, die Fähren und die Insel zu genießen. Der Steg ist extra breit gebaut worden, damit ihn auch Menschen mit eingeschränkter Mobilität nutzen können.

Um das U-förmige Surferbecken fahren und dem Deich folgen.

2 Vogelbeobachtung am Südstrandpolder
Von den Vögeln schwärmen

Hier schwirrt, flattert, singt, paddelt und platscht es: Am Südstrandpolder ist immer etwas los, und aus der Vogelschutzhütte lassen sich die bis zu 40 verschiedenen Vogelarten ungestört beobachten. 1940 wurde der Polder künstlich angelegt, um dort einen Militärflughafen zu errichten. Der wurde im Lauf des Krieges aber nicht mehr gebaut, stattdessen ließen sich auf dem neugewonnen Land Vögel nieder. Mit etwas Geduld erspäht man dort Löffler. Außerdem leben in dem Naturschutzgebiet Nachtigallen, Weihen, Bartmeisen, Große Brachvögel und viele weitere Arten. Während der Zugzeit im Frühling und im Herbst rasten dort auch Tausende von Staren und andere Zugvögel, die sich im Wattenmeer für die weitere Reise stärken.

Weiter am Deich entlang, am Parkplatz am Ostende links halten, bei Am Leuchtturm rechts in die Dünen, an der Gabelung scharf links fahren und an der Straße rechts abbiegen.

Viele Wasservögel fühlen sich auf der Insel wohl. Manche nutzen sie auch als Zwischenhalt auf ihrem Weg in den Süden.

3 Leuchtturm
In die Ferne blicken

Übersehen kann man ihn kaum: Der gut 60 Meter hohe Leuchtturm ist das höchste Bauwerk auf der Insel und steht darüber hinaus auch noch auf einer zehn Meter hohen Düne. Gebaut wurde er von 1871 bis 1874 und ist nach wie vor in Betrieb, um Schiffen den Weg zu weisen. Wer etwas Kondition hat, erklimmt die 252 Stufen bis zur Zuschauergalerie (April bis Oktober, nachmittags bei gutem Wetter möglich). Von oben blickt man auf die benachbarten Inseln Juist, Borkum, Langeoog und Spiekeroog, und bei guter Sicht ist sogar die Schleuse des Leysiels an der Leybucht auf dem Festland zu sehen. Weht der Wind stark, kann es oben aber schon einmal etwas wackelig werden – die Spitze des Turms schwankt dann um bis zu 40 Zentimeter.

An der ersten Möglichkeit rechts auf dem Weg in die Dünen fahren.

Der Leuchtturm auf Norderney ist schon von Weitem zu sehen.

KM 15

4 Weiße Düne

Den Strand genießen

Heller Sandstrand, so weit das Auge reicht: An der Weißen Düne lässt es sich gut aushalten. Der feine Sand schmiegt sich an die Füße, bei Ebbe geht es weit ins Watt hinein und bei Flut angenehm flach ins Wasser. Selbst wenn es am Fahrradstellplatz oft sehr voll aussehen mag, sollte man sich davon nicht abschrecken lassen – der Strand ist so weitläufig, dass hier noch jeder ein ruhiges Plätzchen gefunden hat. Wer schon Hunger verspüren sollte, kann sich im Restaurant Weiße Düne versorgen (weisseduene.com). In der kleinen Boutique nebenan werden maritime und wirklich hübsche Erinnerungsstücke verkauft. Zwischen dem Fahrradstellplatz und dem Restaurant gibt es außerdem Toiletten.

Weiter auf Weiße Düne. Den Schildern in Richtung Aussichtsdüne/Thalassoplattform folgen.

Ein herrliches Plätzchen: An der Weißen Düne auf Norderney lässt es sich aushalten.

Der beste Platz, um den Sonnenuntergang zu genießen – und auch den Milchreis in der Milchbar sollte man nicht verpassen.

Von der Aussichtsdüne kann man weit über die Insel blicken.

KM 17

5 Aussichtsdüne

Im Vogelnest den richtigen Dreh finden

Weite, Weite, Weite – und darf es vielleicht sogar noch ein kleines bisschen mehr Weite sein? Wer richtig durchatmen und entspannen möchte, ist auf der Aussichtsdüne bestens aufgehoben. Ein Holzpfad schlängelt sich im Zickzack hinauf. Von der Kuppe aus blickt man über die Dünenlandschaft der Insel, den Leuchtturm, die Nordsee und bis hinüber auf das Festland. Oben gibt es auch einige Sitzgelegenheiten: Am Rand der Plattform sind Holzbänke angebracht. Kuscheliger sind aber die gepolsterten Sitze, die von einem geflochtenen Material umhüllt sind und an Vogelnester im Schilf erinnern. Sie lassen sich um 360 Grad drehen.

Am Dünensender entlang in Richtung Norden, links in den Karl-Rieger-Weg abbiegen. Der Straße folgen bis zum Birkenweg, rechts fahren. Links über die Emsstraße zur Strandpromenade und bis zur Milchbar.

KM 22

6 Milchbar

Der Sonne winken

Und die Sonne versinkt im Meer in 3, 2, 1 ...! Am Westende der Insel genießt man einen herrlichen Blick auf den Sonnenuntergang. Die in Teilen denkmalgeschützte Milchbar (www.milchbar-norderney.de) war einst eine Lesehalle und wurde 1935 zum ersten Mal zur Milchbar. Zwischenzeitlich diente sie als Tea- und Coffeeroom für britische Soldaten, die nach dem Krieg auf der Insel stationiert waren. Danach gab es dort überwiegend Molkereiprodukte von Kühen, die im Osten der Insel weideten. Damals wurde der bis heute legendäre Milchreis beliebt. Es gibt ihn klassisch mit Zucker und Zimt und roter Grütze, aber er ist auch nordseetypisch mit Sanddorn erhältlich. Wer keinen Milchreis mag, kann auch einfach Pfannkuchen, Matjes, Rosmarinkartoffeln oder Pasta ordern.

Weiter an der Promenade entlang. Den Schildern zum Fähranleger folgen.

EXTRA INFOS:

Der Weg führt fast direkt am ● **Januskopf** vorbei, einem kleinen Dünenausläufer am Ostende der Strandpromenade. Ähnlich wie der römische Gott Janus blickt man hier in zwei Richtungen: Rechts geht es in die wilde Dünenlandschaft und den weitgehend unberührten Teil der Insel. Links tobt das Leben an der Strandpromenade und im Ort. An dieser Stelle bekommt man ein Gefühl dafür, was die zweitgrößte ostfriesische Insel ausmacht.

In Norderney gibt es gleich an zwei Stellen ● **Schlafstrandkörbe** (willkommen.norderney.de), in denen Gäste direkt am Strand nächtigen können. Sie stehen an der Oase und an der Weißen Düne – das Wellenrauschen und den Blick auf die Sterne gibt es kostenlos dazu.

Fähranleger Norderney

Von der Fähre aus rückt Norderney schon bald wieder in die Ferne.

AUF EINEN BLICK

- **Start/Ziel:** Fähranleger Norderney
- **Strecke/reine Radelzeit:** 25 km (Rundtour), 2 Std.
- **Wegbeschaffenheit:** Auf dem Deich kann es im Ostteil schon einmal sehr rumpelig werden.
- **Beste Zeit:** Frühling bis Herbst. Zum Baden im Sommer, für die Vogelbeobachtung am besten im Frühling und im Herbst.
- **Mitnehmen:** Sonnencreme, Badezeug, Fernglas.

Schlafstrandkörbe
Schlafstrandkörbe
4 Weiße Düne
5 Aussichtsdüne
Dünensender
Tünnbak
Eiland
Am Leuchtturm
3 Leuchtturm
Erlenwäldchen
BLICK AUF DEN FLUGHAFEN
TOLLE AUSSICHT
Niedersächsisches Wattenmeer und angrenzendes Küstenmeer

DIE RADELPAUSEN

» START
Bahnhof Esens

KM 5
1 Kunstskulptur Mooreiche
Der Riese aus dem Moor

KM 6
2 Strand Bensersiel
Die Füße ins Wasser halten

KM 7
3 Planetenpfad
Noch mehr Weite spüren

14

DIE INSELN IM BLICK

Von Esens an die Küste und durchs Hinterland

Wie an einer Perlenkette reiht sich links Insel an Insel, während der Weg am Deich wollnah an Schafen vorbeiführt. Das Hinterland wiederum überrascht mit saftigen Wiesen – und immer kribbelt das Salz in der Nase.

KM 15

4 Strandbar Windloop
Die besten Pommes genießen

KM 16

5 Hafen Neuharlingersiel
Vom Meer träumen

KM 23

6 Haustierpark Werdum
Dem Wollschwein guten Tag sagen

KM 32 » ZIEL

Bahnhof Esens

SCHON BALD IST DAS WASSER IN SICHT, ...

... wenn man vom Bahnhof aus losradelt. Auch wenn es sich erst einmal nur um das Benser Tief handelt, das bis an die Nordsee reicht. Ringsum öffnet sich der Blick auf Wiesen und Felder, während das Fahrrad Meter um Meter auf dem leicht geschotterten Weg zurücklegt, der unter den Rädern knirscht. Bald zeigt sich rechts die **Kunstskulptur Mooreiche**, und ein kleines Stück weiter ist schon das **Strandportal Bensersiel** zu sehen.

Danach führt der Weg immer außen am Deich entlang: Links zeigen sich die Ostfriesischen Inseln, die bei klarer Sicht zum Greifen nahe scheinen. Rechts erstreckt sich der **Planetenpfad**, der das Sonnensystem kurzerhand an den Deich versetzt hat, wo es sich nun inmitten von Schafen präsentiert.

AM DEICH ÖFFNET SICH INMITTEN VON SCHAFEN DER BLICK AUF DIE OSTFRIESISCHEN INSELN

Allzu intensiv sollte man Inseln und Planeten während der Fahrt allerdings nicht bewundern, denn der Weg fällt nach links zum Wasser hin ab. Zudem gilt es, immer wieder kleine Hindernisse zu bewältigen. Mal handelt es sich nur um Kot der Tiere oder ein Viehgitter, aber Achtung: Hier steht auch schon einmal ein Schaf mitten auf dem Weg.

Die gut zehn Kilometer am Deich entlang sind mit Rückenwind fix zurückgelegt, können sich bei Gegenwind, der ungehindert auf die Wege bläst, aber in die Länge ziehen. Da bekommt man durchaus das Gefühl, dass die Schafe mit ihrem »mäh« und die kreischenden Möwen den ein oder anderen müden Radelnden anfeuern wollen.

Wie gut, dass am Ende des Weges eine Stärkung bei der **Strandbar Windloop** lockt. Kurz danach erreicht man den **Hafen Neuharlingersiel**, in dem eine stattliche Kutterflotte ihre Heimat hat. Der Weg schlängelt sich weiter durch Wiesen in den **Haustierpark Werdum**. Es folgt ein besonders schönes Stück, das einen allerdings gut durchschütteln kann. Die Straße geht in einen Feldweg über, der die gesamte Ruhe des Nordens präsentiert: Schon ist man allein mit einer Herde Kühe, Wind pfeift durch das Gras und trägt den Duft würziger Kräuter in die Nase, und bis auf ein paar Möwen ist sonst nichts zu sehen. Der Blick geht in die Weite, es herrscht Stille – und dann taucht bereits Esens am Horizont auf.

Weite, Weite, Weite: Unterwegs versperrt nichts den Blick.

Fotogenes Trio: Wer Schafen ganz nah kommen möchte, hat Gelegenheit dazu.

Zwischen den Steinen werden Treibholz und Muscheln angespült.

RADELN & GENIEßEN

START
Bahnhof Esens

Los geht es nach links zum Kreisel, die erste Ausfahrt nehmen und auf der Straße bleiben, bis links der Hayungshauser Weg abzweigt. Diesem bis zum Benser Tief folgen und rechts am Wasser entlangfahren.

Einst im Moor versunken, nun eine Skulptur: Die Mooreiche hängt am Benser Tief.

KM 5

1 **Kunstskulptur Mooreiche**

Der Riese aus dem Moor

Ticktack, ticktack, ticktack: Seitab des Kanals, mitten im Gras, bekommt die Zeit eine ganz andere Bedeutung. Wie der Zahn eines Riesen ragt eine Mooreiche von einem Stahlrahmen ins Gras hinab. Die Eiche verbrachte mehrere Jahrhunderte damit, sich seelenruhig im Moor zu suhlen, während sich draußen die Welt veränderte. Das saure Moor härtete das Holz und verpasste ihm einen schicken Grauschimmer. Künstler Harald Ellinghaus gab der Mooreiche als Skulptur eine neue Aufgabe. Es lohnt sich, einmal durchzuatmen und den Stamm aus verschiedenen Perspektiven zu betrachten.

Weiter geht es am Benser Tief entlang bis zur Brücke. Dort leicht links halten und zum Strandportal fahren.

Im Watt matscht, muddert und quillt es an den Füßen. Das macht nicht nur Kindern Spaß.

KM 6

2

Strand Bensersiel

Die Füße ins Wasser halten

Eine Burg bauen, Muscheln sammeln oder einfach nur die Füße ins Wasser halten. Im warmen Sand mit Blick aufs Wasser kommt die Entspannung ganz von selbst. Moment – das Wasser ist gar nicht da? Da hilft nur eins, nämlich ab in den Schlick und einen Spaziergang im Watt unternehmen. Und zum Trost: Das Wasser kommt wieder, garantiert. Das kann aber einige Stunden dauern. Wer das Bad im Meer bei Ebbe allzu sehr vermisst, dreht eine Runde im Meerwasserfreibad direkt am Strand, bevor es weitergeht.

Zurück zur Brücke und von dort nach links zum Deich. Achtung: Es gilt, Trittgitter zu überwinden, außerdem kann Schafskot auf dem Weg liegen.

Selbst wenn der Himmel einmal bedeckt sein sollte, kann man unterwegs die Sonne sehen.

KM 7

3

Planetenpfad

Noch mehr Weite spüren

Die Strecke am Deich entlang ist herrlich: Links reihen sich die Inseln wie an einer Perlenkette aneinander, rechts grasen Schafe – und liegen gern auch mitten auf dem Weg. Bei Gegenwind, wenn sich die Strecke zieht, kann es helfen, die Entfernungen zueinander in Bezug zu setzen. Am Weg entlang verläuft ein Planetenpfad, der zunächst die Sonne und dann die Planeten zeigt. Sie sind maßstabgetreu in den Abständen aufgestellt, die sie auch im All voneinander haben. Hier bekommt man ein ganz anderes Gefühl für Entfernungen, lernt nebenbei eine ganze Menge über das Sonnensystem – und die Strecke, die man selbst zurücklegt, kommt einem winzig vor. Achtung: Der Weg fällt nach links ab, wer nicht aufpasst, kann ins Rutschen kommen.

Weiter am Deich entlangfahren.

In der Seeluft schmecken die Pommes besonders gut.

KM 15

Strandbar Windloop

4 Die besten Pommes genießen

Sand, Liegestühle und Sonne – was braucht es mehr, um die Zeit am Meer so richtig zu genießen? Vielleicht noch etwas gegen den Hunger. Wie gut, dass die Strandbar Windloop (www.windloop.de/strandbar) aushelfen kann, zumindest in den wärmeren Monaten des Jahres: Ein Highlight sind die Pommes Super Crunch, die auf der Tüte auch als frittierte Sonnenstrahlen bezeichnet werden – und ja, könnte man Sonnenstrahlen in die Fritteuse stecken, würden sie vermutlich ähnlich lecker wieder herauskommen. Wer mag, geht hier kiten und surfen oder stellt beim Stand-up-Paddeln sein Gleichgewicht auf die Probe.

Dem Weg am Deich entlang folgen. In einem leichten Schwenk nach rechts öffnet sich der Blick auf den Hafen.

KM 16

Hafen Neuharlingersiel

5 Vom Meer träumen

Hier ist immer etwas los. Der Hafen von Neuharlingersiel beheimatet Sportboote und Fähranleger, besonders idyllisch ist aber der Kutterhafen am Hafenkopf: Dort haben acht aktive Kutter ihre Heimat und liegen am Poller. Fast täglich schippern sie zum Fischfang oder für Ausflugsfahrten aufs Meer hinaus. Wer Glück hat, erwischt einen Krabbenkutter dabei, wie er wieder in den Hafen einläuft, und kann danach die Fischer bei ihrer Arbeit beobachten. Wer Krabben kaufen möchte, sollte darauf achten, sie kühl zu lagern oder nur eine kleine Menge zu besorgen und sie sofort zu verspeisen – die Tour ist ja noch nicht zu Ende …

Vom Hafenkopf aus geradeaus über die L 6 zum Sielhof fahren, davor halblinks halten und durch den Park zum Mathildenhofweg fahren. Es geht weiter am Neuharlinger Sieltief entlang. Den Radschildern in Richtung Werdum folgen.

An Kuttern herrscht im Hafen von Neuharlingersiel kein Mangel.

…hon einmal etwas von Orpington-Hühnern …hört? Sie leben im Haustierpark in Werdum.

EXTRA INFOS:

Die Sonne versinkt im Meer, der Sand ist noch warm, die ersten Sterne sind am Himmel zu sehen. Jetzt einfach die Augen schließen und sich vom Klang der Wellen in den Schlaf wiegen lassen … Das geht aber auch komfortabler: Warum nicht einfach im ● **Schlafstrandkorb** nächtigen? Möglich ist das am Strand in Bensersiel von Himmelfahrt bis Mitte September. Keine Sorge: Sanitäranlagen gibt es auf dem Campingplatz ganz in der Nähe. Onlinebuchung unter www.bensersiel.de/camping/schlafstrandkorb

KM 23

6 Haustierpark Werdum

Dem Wollschwein guten Tag sagen

Schon einmal etwas vom Ouessantschaf, dem Poitou-Esel oder dem Mangalica-Wollschwein gehört? Nein? Dann wird es Zeit! Mitten in einem Wohngebiet in Werdum befindet sich ein Tierpark (www.haustierpark-werdum.de), der alte Tierrassen beheimatet. Ziel ist es, vom Aussterben bedrohte Nutztierarten zu erhalten und sie zu schützen. Und so flaniert man dort zwischen alten Eselarten, Schweinen, Schafen, Hühnern, Ziegen und Enten umher, während Lachtauben mit ihrem kichernden Gurren im gesamten Park zu hören sind. Infotafeln verraten mehr über die Tiere – und wer mag, nimmt sich aus dem Souvenirshop ein Andenken an sie mit.

Nach links bis zur Edenserlooger Straße fahren, links abbiegen in die Alte Schmiedestraße, danach rechts in die Thunumer Straße. Den Schildern Richtung Esens folgen. In Esens links halten und in Richtung Bahnhof fahren.

KM 32 » ZIEL

Bahnhof Esens

Auch Wollschweine fühlen sich im Haustierpark wohl.

Niedersächsisches Wattenmeer und angrenzendes Küstenmeer
JEDE MENGE SCHAFE!
Bensersiel - Langeoog
Westbense
Ostbense
Bettenwarfer Leide
Schlafstrandkorb
Strand Bensersiel
Planetenpfad
Bensersiel
Kunstskulptur Mooreiche
Osquard
Marz
Berghof
Hartward
Oldendorf
Nordorfer Grashdus
Backerei
Neu Drift
HIER HOPST DAS RAD ÜBER DEN FELDWEG!
Sterbur
Ülkerei
Ölschlägerei
Hammerleide
Hammerhaus
Nordorf
Esens
Margenser Tief
Thunum
Bargsteder Tief
Buschwarfen
Strohde
Bokum
Utgast
Wold
Mühlenstrich
Sandkrug
Koldewind
Mosishütte
Bahnhof Esens
START & ZIEL
Pansath
Ehemaliges Kloster Marienkamp
Bargstede
Twietens
Schanze
Holtgast
NSG Ochsenweide, Schaffhauser Wald und Feuchtwiesen bei Esesns
Mamburg
N
0
1
2 km
Schafhauser Wald
Försterei Schafhaus
NEU FOLSTENHAUSEN
Nettelsburg

AUF EINEN BLICK

- **Start/Ziel:** Bahnhof Esens
- **Strecke/reine Radelzeit:** 32 km (Rundtour), 2 Std. 30
- **Wegbeschaffenheit:** Überwiegend asphaltierte, teils gepflasterte Wege, aber auch Schotter und auf einem kurzen Stück Sand.
- **Beste Zeit:** Ganzjährig. Ideal im Sommer mit einem Badestopp, doch auch im Frühling ist es herrlich, im Hinterland durch die blühenden Wiesen zu radeln. Im Herbst und Winter kann der Wind hier ordentlich pfeifen – unbedingt windfest anziehen und vorher die Wetter-App checken.
- **Mitnehmen:** Sonnencreme, Badezeug, eventuell ein Fernglas, um auf die Inseln zu schauen.

DIE RADELPAUSEN

» START
Bahnhof Wittmund

KM 1
1 Schlosspark Wittmund
Im Grünen entspannen

KM 2
2 Hands of Fame
Der Prominenz die Hand drücken

KM 18
3 Kirche Dunum
Spuren der Vergangenheit entdecken

15 STADT, LAND, TIEF

Runde um Wittmund durch Esens

Wälder, Felder, Städtchen, freier Blick und Wasser: Mehr Vielseitigkeit geht für ostfriesische Verhältnisse kaum. Die Tour wird von Highlights am Wegesrand flankiert. Immer wieder dabei ist das Benser Tief. Wer mag, bummelt noch durch zwei Innenstädte.

KM 25

4 Restaurant Plietsch
Dem Oktopus winken

KM 26

5 Esenser Bär
Durch die Stadt tanzen

KM 47

6 Peldemühle
An der Mühle das Glück spüren

KM 49 » ZIEL

Bahnhof Wittmund

WER SICH NICHT ENTSCHEIDEN KANN, ...

... was er machen möchte, könnte einfach dieser Tour folgen. Dass hier für jeden etwas dabei ist, mag ein bisschen übertrieben sein – aber weit entfernt von der Wahrheit ist es auch nicht. Zuerst geht es vom Bahnhof aus zum **Schlosspark in Wittmund** und in die Innenstadt zu den **Hands of Fame**, die sich wie ein Suchspiel durch die Fußgängerzone ziehen.

Wenig später ist der Wittmunder Wald in Sicht, in dem zwischen Laub- und Nadelbäumen herrliche Ruhe herrscht und frische Luft wabert. Einmal kreuzt eine größere Straße, dann geht es weiter zwischen den Bäumen – und zum ersten von insgesamt vier Malen grüßt das Benser Tief.

IM WALD KANN MAN ZWISCHEN HARZIGEN NADELBÄUMEN UND LAUBBÄUMEN SO RICHTIG DURCHATMEN

Kurz darauf erreicht man den Radbodsberg. Nach der **Kirche in Dunum** rollt das Rad auf dem Ostfriesland-Wanderweg durch die Natur. Schon einmal etwas von Eelt, Aika oder Didde gehört? Auch andere alte ostfriesische Namen verrät eine Kunstskulptur am Wanderweg – und da wartet bereits zum zweiten Mal das Benser Tief.

In Esens beleben eine Pause im **Plietsch** und ein Stadtbummel mit dem **Esenser Bär**. Danach führt die Route wieder hinaus in die Natur, erst durch Felder, dann durch den Schafhauser Wald an Kiefern, Lärchen, Küstentannen, Buchen und Eichen vorbei und erneut über Benser Tief. An diesem streicht die Strecke kurz darauf ein kleines Stück entlang. Wer sich so oft begegnet, möchte schließlich gern wissen, mit wem er es zu tun hat – und sich vielleicht sogar das Du anbieten.

Schnell kommt noch eine alte Bekannte in Sicht: Der Weg verläuft erneut in Dunum an der Kirche vorbei, um danach scharf abzuknicken. Weiter geht es durch Felder und kleine Ortschaften und, wen überrascht das noch, übers Benser Tief. Kurz vor Wittmund wird die Landschaft noch einmal besonders idyllisch, wenn man an einem kleinen See entlangradelt, der sich als Kiesgrube entpuppt. Schon ist die **Peldemühle** in Sicht, bevor die Tour schließlich am Bahnhof endet.

«

Eine Wohltat an heißen Tagen:
Unterwegs geht es mitten durch den Wald.

Wer oder was sind bloß Tida, Ment und Eta? Wer sich über alte ostfriesische Vornamen informieren möchte, wird an dieser Skulptur am Wanderweg fündig.

Hat sich da etwa ein Walross an die Nordseeküste verirrt? Dieses Prachtexemplar lebt mitten in Esens.

RADELN & GENIEẞEN

START

Bahnhof Wittmund

Über die Bahnhofstraße rechts in die Mühlenstraße, links in die Ludwig-Franzius-Straße und rechts in die Dr.-Tjarks-Straße. Über Am Onckens Kamp rechts in die Osterstraße und Am Markt. Beim Hotel Residenz geht es in den Park.

Echte und nicht ganz so echte Wasservögel genießen den Tag im Schlosspark in Wittmund.

KM 1

1 **Schlosspark Wittmund**

Im Grünen entspannen

Ein Schloss sucht man zwar vergebens, aber der Park ist herrlich. Kleine Wege schlängeln sich durch die Wiesen und am Wasser entlang. Wer mag, erklimmt die gut erhaltene Wallanlage oder setzt sich auf eine der vielen Bänke und sieht den Wasservögeln zu. Einst gab es vor Ort tatsächlich einmal ein Schloss. Es stammte aus dem Jahr 1461, sah aus wie eine Burg und diente als Festung. Friedrich der Große fand das allerdings nicht ganz so hübsch: Als Preußen Ostfriesland 1744 in Besitz genommen hatte, ließ er das Bauwerk kurzerhand abreißen. Es sollte schließlich niemand auf die Idee kommen, dass er hier einfach so herrschen könnte.

Zurück zu Am Markt, rechts in die Knochenburgstraße. An der Drostenstraße geht es rechts zu den Hands of Fame und zum Bundespräsidentenplatz.

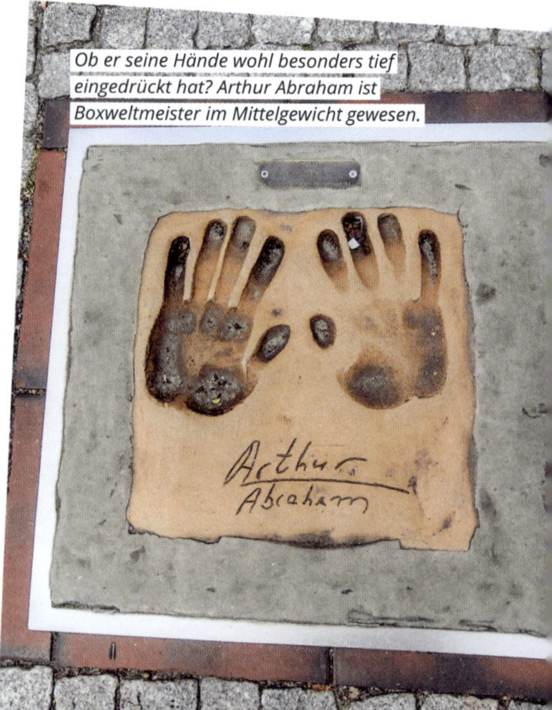

Ob er seine Hände wohl besonders tief eingedrückt hat? Arthur Abraham ist Boxweltmeister im Mittelgewicht gewesen.

Die prachtvoll bemalte Kanzel in der Dunumer Kirche stammt aus dem Jahr 1769.

KURZ ZUR RUHE KOMMEN

KM 2

Hands of Fame

Der Prominenz die Hand drücken

Prominente hinterlassen in Wittmund einen bleibenden Eindruck, indem ihre Handabdrücke in Ton gebrannt und in das Pflaster der Fußgängerzone eingesetzt werden. Verewigt haben sich bei den Hands of Fame (www.hands-of-fame.de) etwa Sänger Wincent Weiss, Abenteurer Arved Fuchs, Ex-Nationalspieler Uwe Seeler und Moderator Jörg Pilawa. Eine Besonderheit ist der Bundespräsidentenplatz mit Abdrücken von Walter Scheel, Richard von Weizsäcker, Roman Herzog, Johannes Rau, Horst Köhler, Christian Wulff, Joachim Gauck und Frank-Walter Steinmeier. Von dort aus führen die weiteren Handabdrücke einmal durch die Fußgängerzone. Auch einige Bundeskanzler haben sich in der Nähe verewigt. Angela Merkel lehnte es 2013 ab, ihre Abdrücke nehmen zu lassen. Darüber wolle sie in ein paar Jahren nachdenken.

Auf der Auricher Straße bis zum Leepenser Weg fahren, rechts abbiegen. Im Wald leicht rechts halten und dem Weg folgen. An der Upsteder Straße links abbiegen, der Straße etwa 500 Meter folgen, dann rechts wieder in den Wald. Den Schildern nach Dunum folgen.

KM 18

Kirche Dunum

Spuren der Vergangenheit entdecken

Ob das nicht tüchtig gezogen hat? Da war doch einmal ein Loch in der Mauer – das alte Hagioskop ist noch zu erkennen. Diese Öffnung diente weniger dazu, aus der Kirche nach draußen, sondern stattdessen um von draußen in die Kirche zu blicken. In der Zeit vor der Reformation konnten Menschen, die sich aus religiösen Gründen von anderen isolierten und in Askese lebten, so trotzdem an der Messe teilnehmen und die Kommunion empfangen. Auch von außen ist das kleine Backsteingebäude auf einer Warft (einem kleinen Hügel) wirklich hübsch. Dies war eine der ersten Kirchen in Ostfriesland, die aus Stein gebaut wurde. Vermutlich entstand sie in der ersten Hälfte des 13. Jahrhunderts. Noch älter ist der Taufstein, der noch aus dem hölzernen Vorgängerbau stammen soll.

Der Hauptstraße bis zum Ostfriesland-Wanderweg folgen, rechts abbiegen. In Esens links auf den Mamburger Weg fahren. Weiter geht es rechts auf die Auricher Straße und im Kreisel geradeaus in die Bahnhofstraße.

Geistige und nicht ganz so geistige Getränke gibt es zur Stärkung im Plietsch.

KM 25

4 Restaurant Plietsch

Dem Oktopus winken

Hier oktopussiert es: Überall im Restaurant Plietsch (www.plietsch-esens.de) grüßt der Tintenfisch, sei es in Holz graviert, auf ein Kissen gedruckt oder als Untersetzer. Auf der Karte stehen etwa »N bitje wat«, also Kleinigkeiten wie Garnelen oder Kuh-Carpaccio, heiße Bowls, Burger oder auch »das teuerste Fischbrötchen ever« mit Kabeljau. Und wer unter »Zahnlos« in der Karte sucht, entdeckt Suppen. Die meisten Produkte sind in Bio-Qualität und stammen aus der Region. Ein Traum ist die großzügige und sonnige Terrasse hinter dem Restaurant. Wer vorhat, dort gleich ganz zu versacken: Es gibt auch eine große Auswahl an Cocktails.

Weiter auf der Bahnhofstraße, rechts in Vor dem Drostentor und über Steinstraße, Herrenwall, Graftegge, Rosenstraße und Neustädter Wall rechts auf die Jücherstraße bis zur Butterstraße fahren. Das Rad abstellen und zu Fuß links durch die Butterstraße gehen.

5 Esenser Bär

Durch die Stadt tanzen

In der Butterstraße, der kreativen Ecke der Stadt, toben sich all jene aus, die es nachhaltig und individuell mögen. Vor Ort haben sich beispielsweise eine Nähmanufaktur und ein Unverpackt-Laden angesiedelt. Am oberen Ende der Straße geht es weiter in die Fußgängerzone, wo der Esenser Bär sein Revier hat – und wo auch gleich eines der Exemplare in seiner natürlichen Umgebung zu beobachten ist. Esens bezeichnet sich selbst als Bärenstadt, und Künstler aus der Region haben insgesamt fast 50 sogenannte Buddy-Bären gestaltet. Die Kunststoff-Skulpturen sind kreuz und quer in der Stadt verteilt. Zurück geht das Ganze übrigens darauf, dass einst ein Tanzbär Esens vor feindlichen Belagerern gerettet haben soll.

Nach Norden auf die Schmiedestraße, über die Neustädter Straße links am Nordring entlang. Im Kreisel auf Norder Straße, am Ende links und dann rechts auf Alter Postweg/ Lehmkuhlen. Auf Flachsweg über das Benser Tief, dann links in den Möörkenweg. Am Ende links, an derAuricher Straße links, nächste Möglichkeit rechts. Am Benser Tief entlang, rechts in Grabenser Weg. Der Hauptstraße folgen, Schilder Richtung Wittmund. In Blersum rechts in den Forstweg, dann links auf den Heerweg und weiter links in die Blersumer Straße.

In Esens sind die Bären los.

Glück – wie hier an der Peldemühle in Wittmund – kann man immer brauchen.

KM 47

Peldemühle

An der Mühle das Glück spüren

»Glück zu« verkündet die Peldemühle in Wittmund schon von Weitem in großen Buchstaben (peldemuehle-wittmund.de). Glück hat vor allem die Mühle selbst. Sie ist der älteste weitgehend noch funktionsfähige Galerieholländer in Deutschland. Die alte Dame stammt aus dem Jahr 1741. Damals hatte Müller Poppe Embcken von einem ostfriesischen Fürsten die Erlaubnis erhalten, eine Mühle zu bauen – ungewöhnlich genug, weil das eigentlich der Obrigkeit vorbehalten war und Mühlen lediglich gepachtet werden konnten. Er durfte ausschließlich Graupen aus Gerste pelden (schälen). 1970 legte der letzte Müller die Mühle still. Nicht einmal die Stadt wollte sie als Geschenk haben, sie verfiel mehr und mehr. Durch einen Förderkreis wurde sie schließlich restauriert und wieder funktionsfähig gemacht. Was für ein Glück!

Weiter an der Esenser Straße. Den Schildern in Richtung Bahnhof folgen.

EXTRA INFOS:

An einem kleinen Hügel kurz vor Dunum liegt angeblich das Grab des friesischen Königs Radbod. Der ● **Radbodsberg** ist rund drei Meter hoch und fällt damit in der ostfriesischen Landschaft durchaus auf. Um den Friesenkönig ranken sich viele Legenden. Als sicher gilt, dass Radbod von 679 bis 719 nach Christus herrschte, sich vehement gegen die Christianisierung wehrte, verlorene Gebiete zurückeroberte und 716 sogar Köln einnahm. Wo er begraben wurde, ist nicht klar: möglicherweise hier, vielleicht auch in Leer, auf Helgoland oder auf der versunkenen Insel Bant. Sicher ist, dass der Hügel bei Dunum in der Steinzeit eine Grabstätte war. Das belegen Ausgrabungsfunde, die auch zeigen, dass der Hügel bis zur Zeit von Christi Geburt auch als Bestattungsplatz genutzt wurde.

KM 49 » ZIEL

Bahnhof Wittmund

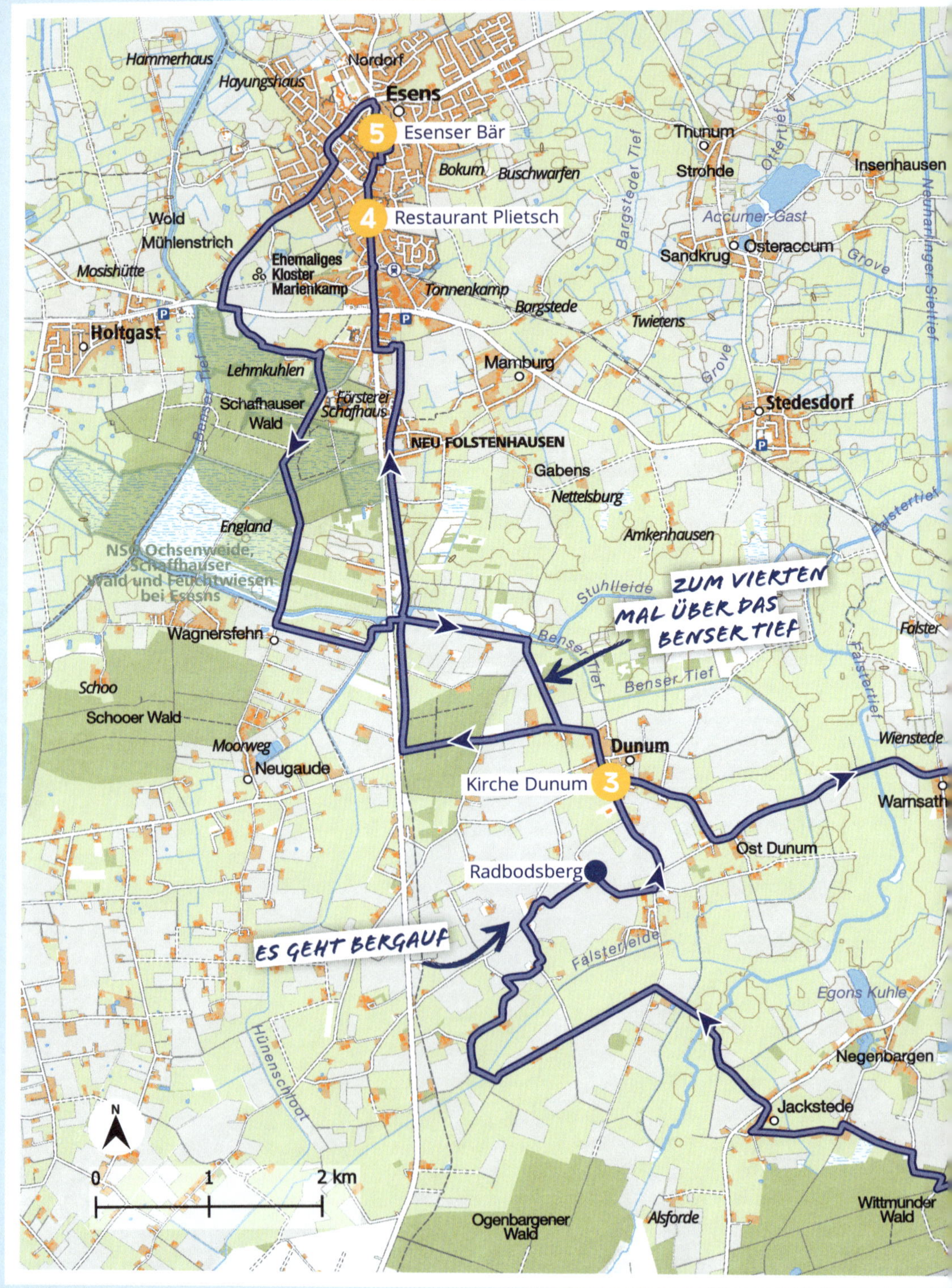

Hammerhaus
Hayungshaus
Nordorf
Esens
5 Esenser Bär
4 Restaurant Plietsch
Bokum
Buschwarfen
Thunum
Strohde
Insenhausen
Accumer-Gast
Osteraccum
Sandkrug
Wold
Mühlenstrich
Mosishütte
Ehemaliges Kloster Marienkamp
Tonnenkamp
Bargstede
Twietens
Holtgast
Lehmkuhlen
Mamburg
Stedesdorf
Schafhauser Wald
Försterei Schafhaus
NEU FOLSTENHAUSEN
Gabens
Nettelsburg
England
Amkenhausen
NSG Ochsenweide, Schaffhauser Wald und Feuchtwiesen bei Esesns
ZUM VIERTEN MAL ÜBER DAS BENSER TIEF
Wagnersfehn
Benser Tief
Falster
Schoo
Schooer Wald
Moorweg
Neugaude
Dunum
Wienstede
Kirche Dunum 3
Warnsath
Ost Dunum
Radbodsberg
ES GEHT BERGAUF
Falsterleide
Egons Kuhle
Negenbargen
Jackstede
0
1
2 km
Ogenbargener Wald
Alsforde
Wittmunder Wald

AUF EINEN BLICK

- **Start/Ziel:** Bahnhof Wittmund
- **Strecke/reine Radelzeit:** 49 km (Rundtour), 4 Std.
- **Wegbeschaffenheit:** Überwiegend asphaltierte Wege, nur im Wald sind sie nicht immer perfekt ausgebaut. Auf dem letzten Stück in Richtung Wittmund fehlt teilweise ein Radweg.
- **Beste Zeit:** Frühling bis Herbst.
- **Mitnehmen:** Sonnencreme.

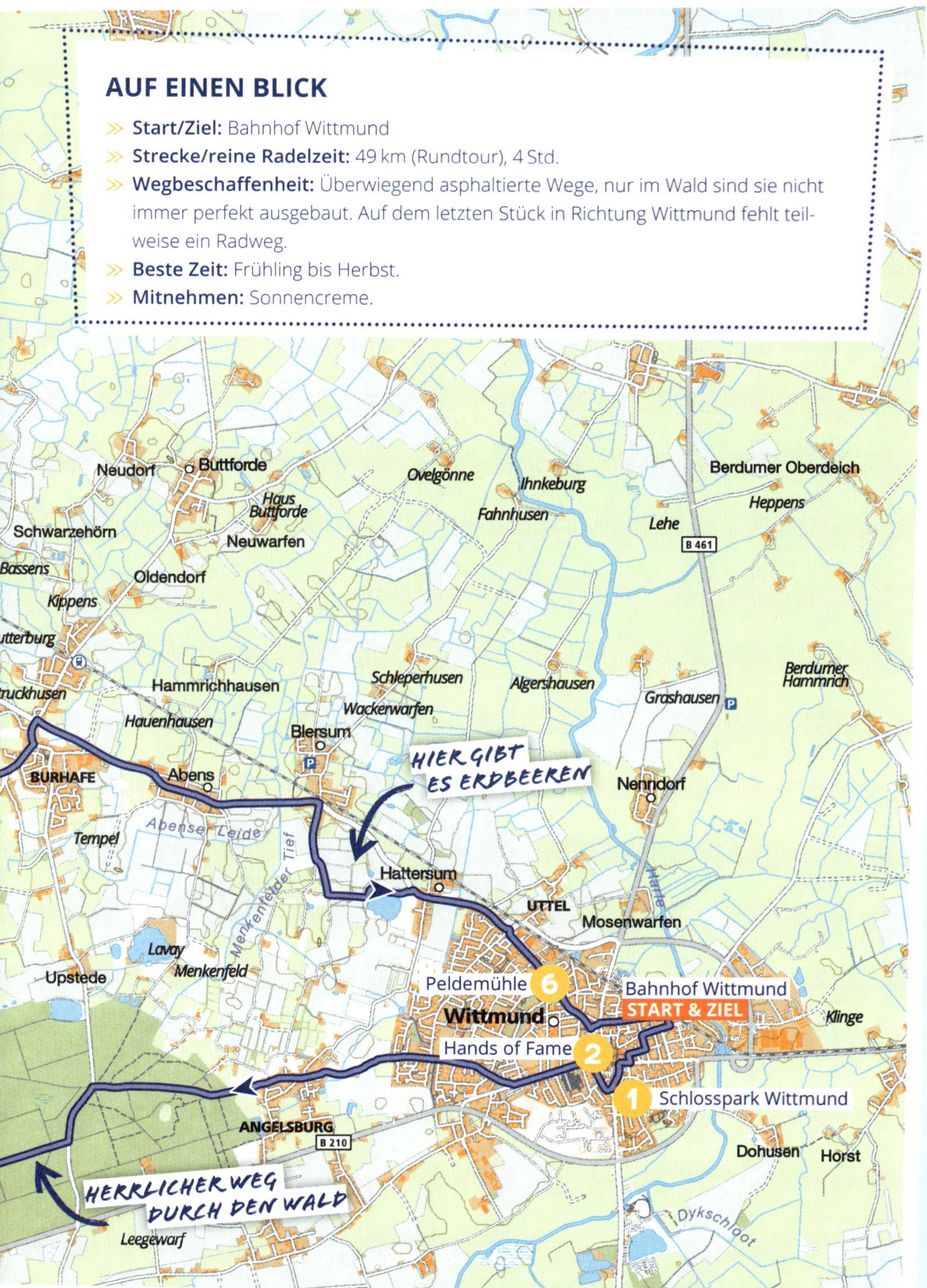

DIE RADELPAUSEN

» START
Busbahnhof Aurich

KM 12
1 Klosterstätte Ihlow
In die Vergangenheit eintauchen

KM 18
2 Ihler Meer
Baden und entspannen

KM 27
3 Mittelpunkt Ostfrieslands
Sich zentrieren

16 AB DURCH DIE MITTE

Von Aurich in den Klosterwald und am Kanal entlang

Schattige Wälder, kühles Badewasser und Kanäle inmitten herrlicher Landschaft: Die Reise zum Mittelpunkt Ostfrieslands ist nicht nur an heißen Tagen ein Genuss, sondern lässt unterwegs auch längst vergangene Zeiten lebendig werden.

WALD IST IN OSTFRIESLAND EIGENTLICH SELTEN, ...

... aber auf dieser Tour ist das kaum zu glauben, so häufig führt sie durch waldige Gebiete – fast so, als wolle sie zeigen, dass hier nicht nur Torfmoose, sondern auch Bäume gedeihen können. Flink düst man auf dem Ostfriesland-Wanderweg aus Aurich hinaus. Die ehemalige Kleinbahnstrecke verläuft am Popenser Wald entlang ins Grün. Bald öffnet sich rechts und links die Landschaft mit Wiesen, weidenden Kühen, ab und an einem Bauernhof – und durchaus auch Bäumen.

Im Klosterwald wirkt es kurz darauf, als hätte jemand mal eben auf den Lichtschalter gedrückt, denn das Blätterdach sperrt fast überall die Sonne aus. In die frische, leicht feuchte Luft taucht man fast wie in Wasser, würziger Farnduft steigt in die Nase. Jetzt heißt es genießen und entspannen. Früher konnte man auch die abenteuerlichen Pfade rechts und links des Hauptwegs erkunden, aber seit der Wald 2019 unter Naturschutz gestellt wurde, ist das nicht mehr erlaubt. Und das zu Recht: Hier haben seltene Waldvogelarten ein Zuhause gefunden, etwa Mittelspecht, Baumfalke und Zwergschnäpper. Mit Glück und etwas Geduld sichtet man einige der seltenen Vögel.

DIE FRISCHE WALDLUFT IM KLOSTERWALD LÄSST DEN KÖRPER AUGENBLICKLICH ENTSPANNEN

Nach der **Klosterstätte Ihlow** wird es mit einer Installation zur Friesischen Freiheit bunt im Wald, bevor es weiter zum **Ihler Meer** geht. Anschließend kann man sich kaum verfahren, da sich die Route ein langes Stück nahezu geradeaus nach Nordwesten zieht. Sie schmiegt sich an den Ringkanal, der auf zwölf Kilometern Länge vom Ems-Jade-Kanal bis nach Münkeboe führt. Unter Bäumen radelt man direkt am Wasser fast bis zum **Mittelpunkt Ostfrieslands**, der etwas seitab nordöstlich des Kanals liegt. Der Weg schlängelt sich weiter durch Felder und Wiesen zum **Upstalsboom** und zur **Schleuse Rahe mit dem Kukelorum**.

Danach geht es am Wasser des Ems-Jade-Kanals entlang gen Aurich. Am **Hafen** ist ein letzter Abschied vom Wasser möglich, dann fährt man am Auricher Schloss vorbei und über den Auricher Wall wieder zum Busbahnhof. «

Diese Kunstinstallation bringt Farbe in den Klosterwald. Zu lesen sind die Worte der Friesischen Freiheit.

An der Schleuse in Rahe wird dem Liedermacher Hannes Flesner gedacht

Schleuse in Rahe: Auf dem Ems-Jade-Kanal sind viele Boote unterwegs.

RADELN & GENIEßEN

Busbahnhof Aurich

Über die Große Mühlenwallstraße in den Hoheberger Weg, rechts auf den Ostfriesland-Wanderweg abbiegen und ihm zum Langfeldweg folgen. Rechts abbiegen, über die B 72 auf Schirumer Loog fahren. Schildern Auricher Rundtour – Südroute folgen.

KM 12

1 **Klosterstätte Ihlow**

In die Vergangenheit eintauchen

Wer ein historisches Bauwerk im Klosterwald erwartet, ist auf der falschen Fährte: Zwischen den Wipfeln der Buchen, Linden und Eichen ragt ein 45 Meter hohes Gewölbe aus Stahl und Holz empor. Die Klosterkirche der Zisterzienserabtei Schola Dei (Schule Gottes), die hier einst stand, ist auf künstlerische Weise nachempfunden worden. Im Raum der Spurensuche unter dem Aufbau werden Funde von Ausgrabungen präsentiert. Außerdem kann man den Klosterturm über eine Wendeltreppe mit 164 Stufen erklimmen (während der Öffnungszeiten des Klostercafés, www.kloster-ihlow.de). Einen Besuch wert ist auch der Klostergarten. Im Hexengarten etwa gedeihen ausschließlich Giftpflanzen und Pflanzen, denen Zauberkräfte zugeschrieben wurden.

Mit dem Kloster im Rücken geradeaus, rechts auf Zum Forsthaus/Münkeweg abbiegen. Links auf Kirchdorfer Straße, rechts auf Alte Wieke und rechts auf Wieke abbiegen. Rechts über Norderwieke und Moorweg.

Zwischen den Bäumen im Ihlower Wald ragt die Kloster-Installation auf.

Zeit für eine Pause: Das Wasser am Ihler Meer liegt ruhig da.

KM 18

2 Ihler Meer
Baden und entspannen

Ora et labora – bete und arbeite – hieß es im Kloster. Nun steht mit einem Besuch am Ihler Meer zum Ausgleich erst einmal etwas Freizeitvergnügen auf dem Programm. Der Badestrand des Naturbads ist im Sommer bewacht, der etwas weiter entfernte Hundestrand allerdings nicht. Auffällig ist die kleine Insel mitten im See, zu der insgesamt drei Brücken führen. Sie entstand, als das 3,5 Hektar große Ihler Meer künstlich angelegt wurde. Das ausgehobene Material musste ja schließlich irgendwo bleiben – warum also nicht direkt mitten im See, dachten sich pragmatische Ostfriesen. Über einen kurzen Rundweg lässt sich das Inselchen erkunden.

Weiter um den See, bei der Brücke links auf die Von-Senden-Straße, links über den kleinen Weg zur Plaggefelder Straße, links auf Münkeweg. Schilder Richtung Westerende-Kirchloog. An der Auricher Straße rechts, links über den Strodeweg an den Ringkanal. An der Holzlooger Straße rechts über die Brücke auf den Herrenhüttenweg.

Im Zentrum angekommen: Der Mittelpunkt Ostfrieslands liegt auf einer Wiese.

KM 27

3 Mittelpunkt Ostfrieslands
Sich zentrieren

Wie stellt man die Mitte von etwas fest, das nicht rund ist, sondern Ausbuchtungen und Ausläufer hat? Das Landesamt für Geoinformation und Landentwicklung Aurich hat 2014 den Mittelpunkt Ostfrieslands berechnet – und kam auf Westerende-Holzloog (Koordinaten: 53° 27' 35'' nördliche Breite, 7° 23' 53'' östliche Länge). Dort weist ein Findling mit einer Bronzetafel auf den besonderen Punkt hin. Der Rastplatz bietet sich für eine Pause an. Pssst: Genau genommen liegt der Punkt 100 Meter weiter nördlich auf einer Wiese, aber das stört niemanden. Wie exakt das Ergebnis ist, ist ohnehin umstritten: Es wurde ermittelt, indem eine Landkarte Ostfrieslands ausbalanciert wurde.

Weiter auf dem Herrenhüttenweg, links auf den Heuweg abbiegen und rechts auf Zum Kiefmoor fahren. Schilder in Richtung Upstalsboom.

Am Upstalsboom kamen einst die freien Friesen zusammen, um ihre offiziellen Angelegenheiten miteinander zu regeln.

KM 31

4 Upstalsboom

Die Freiheit spüren

Die Pyramide im Wald hat nichts mit dem Alten Ägypten zu tun – und auch geheime Grabkammern sucht man vergebens. Stattdessen weist die Steinpyramide seit 1833 auf den Upstalsboom hin, den historischen Versammlungsplatz der Friesen. Dort kamen im Mittelalter die freien Friesen zusammen. Sie regelten am Upstalsboom das Zusammenleben innerhalb ihrer Landesgemeinden und besprachen, wie sie ihren Bund nach außen vertreten wollten. Ursprünglich handelte es sich bei dem Ort übrigens um einen Grabhügel, der aus der Zeit um 800 nach Christus stammen soll.

Weiter über Friesische Freiheit und Unlander Weg. Schildern in Richtung Rahe folgen.

KM 33

5 Schleuse Rahe und Kukelorum

Stärkung nach ostfriesischer Art

Kukel-was? Der Name des Lokals an der Schleuse lässt sich leicht erklären: Nachdem Letztere fertiggestellt worden war, brauchte man einen Wärter. Von seinem Dienstzimmer aus überblickte er den Kanal. Er musste den ganzen Tag lang *kieken* und *luren*, also gucken und warten, ob ein Schiff kam. Darauf geht der Name des Lokals Kukelorum (kukelorum.net) zurück, das sich im alten Schleusenwärterhaus befindet. Im Biergarten gibt es regionale Kleinigkeiten wie Krabbenbrot und Matjes. Dort speiste – und trank – übrigens auch einst Liedermacher Hannes Flesner gerne, der neben eigenen »Schongsongs« wie dem »Bottermelk-Tango« 1971 auch die erste Schallplatte mit Ostfriesenwitzen herausbrachte. Ein Gedenkstein für ihn steht in der Nähe des Lokals, das er gern einmal besungen hat.

Über die Brücke auf die andere Seite wechseln und Richtung Nordosten am Kanal entlangfahren. Über die Brücke am Grünen Weg geht es links zum Hafen.

Herrliches Plätzchen: Im Kukelorum genießt man die Sonne und sitzt direkt an der Schleuse.

Moin mitnanne! Diese Figuren grüßen am Hafen in Aurich.

EXTRA INFOS:

● **Bunte Fahnen** flattern im Wind, alles bewegt sich und wirkt lebendig: Künstlerin Monika Kühling hat eine Installation geschaffen, die mitten im Klosterwald über den Köpfen hängt. Auf dem Banner ist der Text zur Friesischen Freiheit aufgedruckt, die den Friesen im neunten Jahrhundert das Recht verlieh, keinen Herren außer dem Kaiser über sich zu haben.

Wohnen wie einst ein Schleusenwärter: Im Obergeschoss des **Kukelorum** (www.kukelorum.net– Stopp 5) an der Schleuse am Ems-Jade-Kanal können Gäste sich in vergangene Zeiten versetzen lassen, indem sie in der ehemaligen Wohnung des Wärters nächtigen. Entsprechend genießen sie einen traumhaften Blick auf den Ems-Jade-Kanal – und wenn ein Boot vorbeituckert, sehen sie von oben beim Schleusen zu.

KM 36

6 Hafen Aurich

Aufs Wasser blicken

Wer hier steht, ist nie allein: Zwölf Holzfiguren blicken auf den Auricher Hafen und die rund 40 Liegeplätze. Einst waren es sogar 13, aber eine wurde vor einigen Jahren gestohlen. Schnell rückt am Hafen auch das stählerne Leuchtfeuer Aurich in den Blick. Der kleine Leuchtturm sorgte früher an der Weser für die Sicherheit der Schiffe und verbringt seinen Ruhestand nun im hiesigen Hafen. Wer nach der Tour Lust hat, den Ems-Jade-Kanal noch vom Wasser aus zu erkunden, kann sich ein Tretboot, Kanu oder Hydro-Bike ausleihen.

Nach Norden über die Tannenbergstraße und Hasseburger Straße zur Julianenburger Straße, diese überqueren und links abbiegen. Bei der ersten Möglichkeit rechts zum Schloss, durch den Schlosspark und über den Schlossplatz zum Auricher Wall radeln, der zum Busbahnhof führt.

KM 37 » ZIEL

Bahnhof Aurich

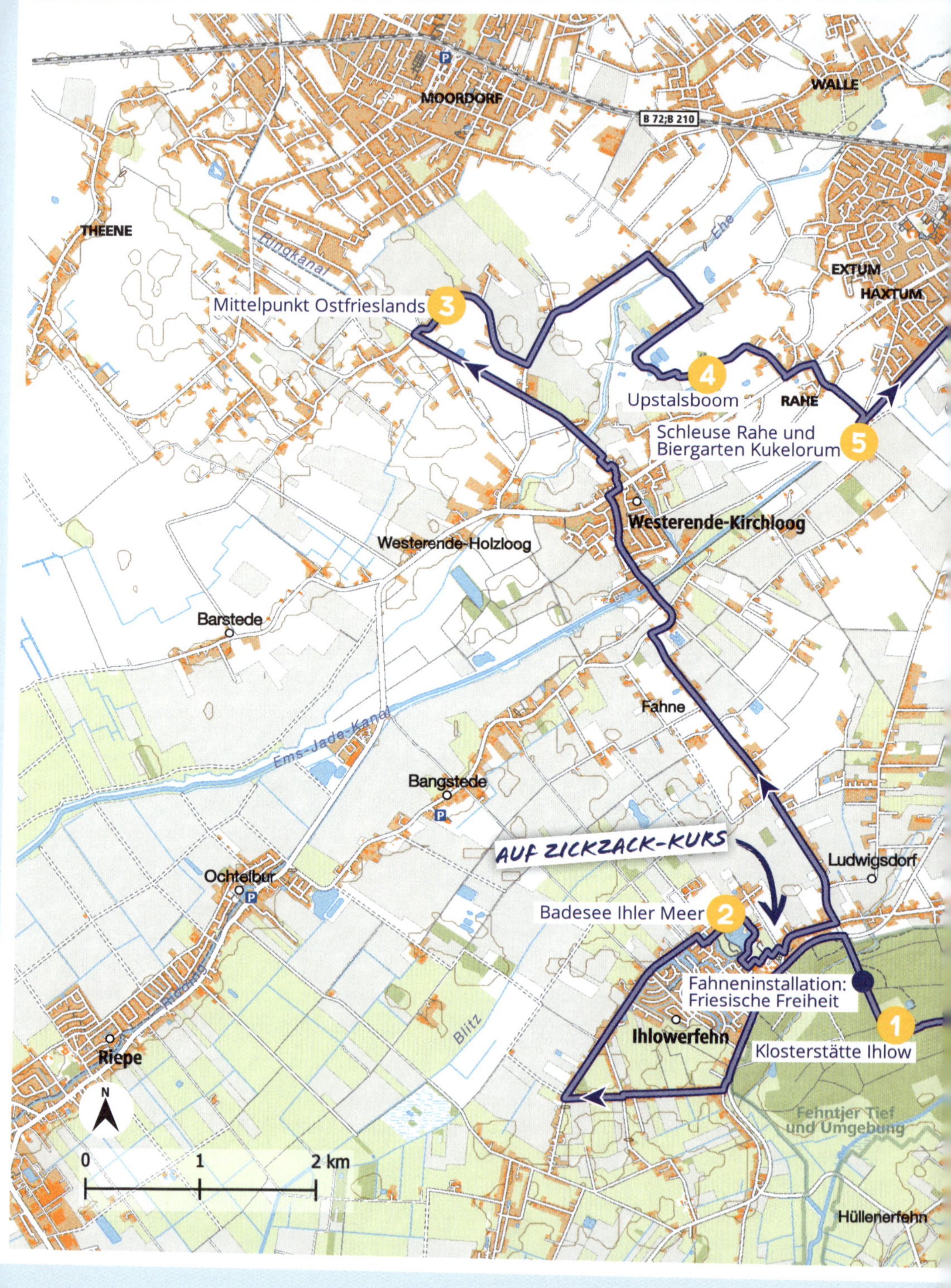

MOORDORF
WALLE
B 72;B 210
THEENE
Ringkanal
Ehe
EXTUM
HAXTUM
Mittelpunkt Ostfrieslands
3
4
Upstalsboom
RAHE
Schleuse Rahe und
Biergarten Kukelorum
5
Westerende-Kirchloog
Westerende-Holzloog
Barstede
Fahne
Ems-Jade-Kanal
Bangstede
AUF ZICKZACK-KURS
Ludwigsdorf
Ochtelbur
Badesee Ihler Meer
2
Fahneninstallation:
Friesische Freiheit
1
Ihlowerfehn
Klosterstätte Ihlow
Riepe
Blitz
N
Fehntjer Tief
und Umgebung
0
1
2 km
Hüllenerfehn

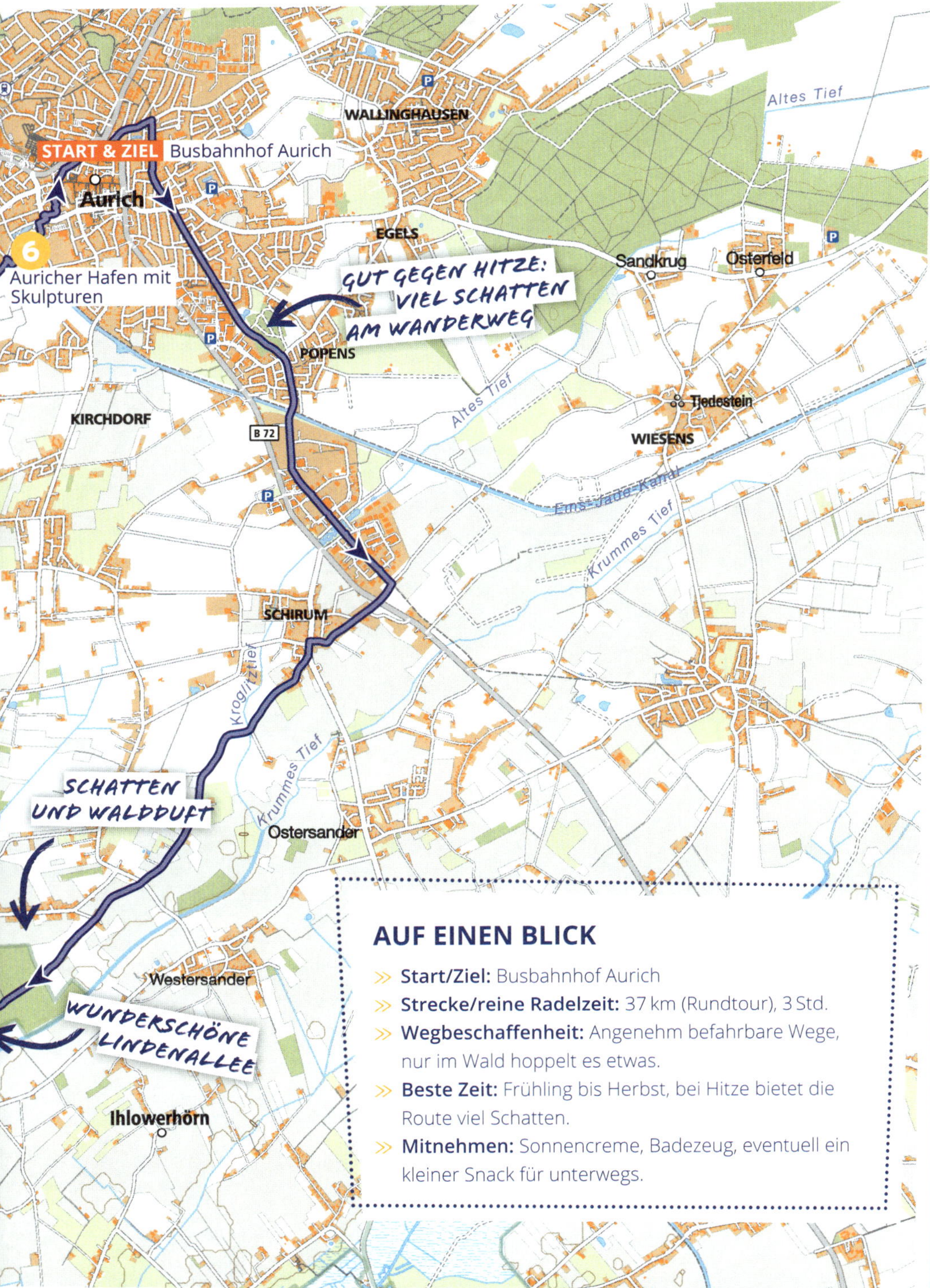

AUF EINEN BLICK

- **Start/Ziel:** Busbahnhof Aurich
- **Strecke/reine Radelzeit:** 37 km (Rundtour), 3 Std.
- **Wegbeschaffenheit:** Angenehm befahrbare Wege, nur im Wald hoppelt es etwas.
- **Beste Zeit:** Frühling bis Herbst, bei Hitze bietet die Route viel Schatten.
- **Mitnehmen:** Sonnencreme, Badezeug, eventuell ein kleiner Snack für unterwegs.

DIE RADELPAUSEN

»START
Busbahnhof Aurich

KM 3
1 Kletterwald Aurich
Von Baum zu Baum balancieren

KM 6
2 Moorwald Plaggenburg
Dem Spuk ins Auge blicken

KM 10
3 Ostfriesland-Äquator
Ostfriesland teilen

17 IN WALD UND MOOR

Runde um den Osten, Norden und Westen Aurichs

Es gibt viel zu entdecken: Der Weg führt durch den Wald, ins Moor und ans Wasser. Im Kletterwald gilt es, in luftigen Höhen das eigene Geschick zu testen – dann geht es sogar über den Äquator.

KM 15

4 Badesee Tannenhausen

Dem Mittelmeer Konkurrenz machen

KM 20

5 Berumerfehner Moor

Eine Runde spazieren gehen

KM 27

6 Kaffeerösterei Hafen 5

Kaffee und Kuchen in der Altstadt

KM 28 » ZIEL

Bahnhof Aurich

VIEL ZU ENTDECKEN UND ZU ERLEBEN GIBT ES …

… auf dieser Tour rund um Aurich. Zunächst geht es aus der Stadt in den Wallinghausener Wald. Im dortigen **Kletterwald** lernt man die Wipfel der Bäume kennen, bevor man sich ihnen weiter von unten nähert. Der leicht geschotterte Weg und der gepolsterte Waldboden tragen das Rad immer weiter von der Straße weg. Vögel zwitschern ungestört, immer wieder klopft ein Specht, und gelegentlich lassen kleine Lichtungen das Sonnenlicht bis auf den Boden fallen.

Nach dem **Moorwald Plaggenburg** geht der Waldweg für ein kurzes Stück in einen befahrbaren Trampelpfad über. Kurz darauf folgt der Ostfriesland-Wanderweg, eine Art Rad-Autobahn entlang der ehemaligen Strecke einer Kleinbahn, auf der man auch den **Ostfriesland-Äquator** passiert. Wie eine Mini-Allee ist der Wanderweg von Bäumen gesäumt. Hier lässt es sich ungestört durch die Natur radeln.

ES IST NICHTS ANDERES ZU HÖREN ALS DER WIND, DER DURCH DIE BAUMWIPFEL STREICHT

Vom Energie-Erlebnis-Zentrum aus muss man etwa zwei Kilometer an einer etwas stärker frequentierten Straße zurücklegen. Sie ist mit einem guten Radweg ausgestattet. Bald schon führt eine Seitenstraße bis zum **Badesee Tannenhausen** und durch eine ruhige Wohnsiedlung wieder hinaus zu Feldern und Wiesen.

Hinter der Brücke über den Abelitzschloot wird es am Meedeweg richtig ländlich. Die zunächst befestige Straße verwandelt sich in einen Sandweg. Mit dem müssen sich vor allem die seltenen Autos auseinandersetzen: Radfahrer nutzen den festeren Seitenstreifen. Links erstrecken sich Felder, rechts beginnt der dichte Wald. Es gibt jede Menge Ruhe – das gilt auch im **Berumerfehner Moor**, das sich erfolgreich als Wald tarnt.

Auf dem Rückweg grüßt der Abelitz-Moordorf-Kanal, und es geht weiter durch ländliche Gefilde. Dass zunächst ein Radweg fehlt, stört nicht, denn es ist kaum mit Verkehr zu rechnen. Das ändert sich ab der Brücke über die Sandhorster Ehe, wenn die Innenstadt von Aurich näherrückt, doch schon weit vorher kann man auf einen Radweg ausweichen. Nach einer Stärkung im **Hafen 5** fährt man über den grünen Wall zum Busbahnhof. «

Einmal nach oben, bitte: Wer im Kletterwald hoch hinaus möchte, sollte schwindelfrei sein.

Weiche Waldwege erfreuen das Radlerherz.

Im Hafen 5 werden Gäste mit Kaffee aus der eigenen Rösterei verwöhnt.

RADELN & GENIEßEN

START

Busbahnhof Aurich

Über die Große Mühlenwallstraße geht es in den Hoheberger Weg und dann links zum Kletterwald.

Im Kletterwald kommt man den Baumwipfeln nahe.

KM 3

1

Kletterwald Aurich

Von Baum zu Baum balancieren

Einmal auf einer Kanonenkugel reiten, in ein Netz springen oder eine Riesenleiter erklimmen: Im Kletterwald Aurich (www.kletterwald-aurich.de) balanciert man über Drahtseile von Baum zu Baum und bezwingt schwankende Holzbrücken. In Höhen zwischen einem und 20 Metern erprobt man seine Geschicklichkeit. Es gibt verschiedene Parcours, sodass jeder den passenden Schwierigkeitsgrad für sich wählen kann. Am Groot Boom, also am großen Baum, können Interessierte individuell bis zu einer Höhe von 20 Metern klettern – immer gut gesichert, versteht sich. Wer schon Hunger oder Durst verspürt, versorgt sich am Kiosk vor Ort mit ein paar Kleinigkeiten – es gibt auch Pizza.

Auf dem Waldweg am Kletterwald vorbei und immer geradeaus fahren.

KM 6

2 Moorwald Plaggenburg
Dem Spuk ins Auge blicken

Wie Finger ragen Äste aus dem trüben Wasser: Viele Bäume im Moorwald Plaggenburg sind abgestorben. Manche recken ihre bleichen Äste gen Himmel, andere sind bereits umgefallen und treiben im Sumpf. Bei Nebel kann man schon einmal den Eindruck bekommen, dass es hier spukt. Doch selbst dann ist der Moorwald wunderschön. Bis zur Mitte des 19. Jahrhunderts dehnte sich vor Ort noch eine Moorlandschaft aus. Dann wurde das Gebiet entwässert. 2009 wurde es wieder vernässt, und man entfernte die Nadelbäume, die dort auf natürliche Weise gar nicht wachsen würden. Auf einer Bank kann man mit herrlichem Blick auf den Moorwald rasten.

Dem Pfad nach links folgen, an der T-Kreuzung links abbiegen, rechts auf den Eintrachtweg fahren und links den Ostfriesland-Wanderweg nehmen.

KM 10

3 Ostfriesland-Äquator
Ostfriesland teilen

Eigentlich teilt der Äquator die Erde in eine nördliche und eine südliche Hälfte. Aber Ostfriesen spielen manchmal nach ihren eigenen Regeln – und deshalb haben sie vor einigen Jahren kurzerhand den Ostfriesland-Äquator erfunden, der die Region in der Mitte teilt. Die gedachte Linie passiert man in Aurich am Ostfriesland-Wanderweg, wo ein Holzbogen auf sie hinweist. Sie verläuft auf 53° 30′ 00″ Breite mitten durch die Stadt. Ein Rastplatz lädt dazu ein, in der Natur eine Pause einzulegen.

Weiter auf dem Wanderweg, rechts auf den Eheweg und über die B 210 auf die Dornumer Straße fahren. Links auf den Stürenburgweg abbiegen und bis zum See radeln.

Sumpf gegen Baum: Im Moorwald Plaggenburg sind die meisten Bäume abgestorben.

Warum nicht den Äquator einmal verrücken und nach Ostfriesland holen?

KM 15

4

Badesee Tannenhausen

Dem Mittelmeer Konkurrenz machen

Weißer Sand, Wellen, die ans Ufer plätschern, und flaches Wasser: Die Temperaturen können zwar nicht ganz mit dem Mittelmeer konkurrieren, aber am und im See lässt es sich prima entspannen. Wer mag, holt sich einen Snack an der Strandbar (northboundaurich.de). Abenteuerlustige haben auch die Möglichkeit, sich im Aquapark auf einem Wassertrampolin auszutoben oder von einem Sprungturm aus in den See zu hüpfen. Ist einem nach noch mehr Action, kann man sich bei North Bound im Wakeboarding oder Wasserski versuchen. Am See gibt es Toiletten.

Auf den Westermeerweg fahren, von dort rechts auf Am Stadion, links auf Ol Streek, von dort wieder rechts auf Zur Goldensteinbrücke abbiegen. Über die Brücke am Scheideweg auf den Meedeweg fahren. Von dort führt ein Weg nach rechts ins Moor.

Am Badesee in Tannenhausen findet jeder Entspannung – und bei Bedarf auch Action.

Einmal durchatmen: Natur pur im Berumerfehner Moor.

KM 20

5

Berumerfehner Moor

Eine Runde spazieren gehen

Es heißt zwar Moor, aber eigentlich gedeiht hier Wald. Das Berumerfehner Moor dehnte sich einst von Hage bis Aurich aus. Dann wurde es erschlossen und abgetragen, um Torf zu gewinnen. Später baute man auch Kies ab. Deshalb ist nur noch ein winziger Teil des Moors in seinem Ursprungszustand erhalten. Das ehemalige Moor aufzuforsten, war eine ungewöhnliche Idee, denn dort hatte nie zuvor Wald gestanden. Aber die Torfschichten, die zur Moorbildung notwendig sind, waren weitgehend abgetragen – und es erschien aussichtslos, den Wasserspiegel wieder dauerhaft zu erhöhen. Zum Teil hatten sich auf den trockenen und abgetorften Flächen ohnehin bereits Birken, Heide und Weiden angesiedelt. Ein kleiner See mitten im Wald zieht Wasservögel an und wird von einer hübschen Insel geziert.

Zurück zum Meedeweg, links auf Utlandshörner Straße, die zum Wallster Weg wird. Über die Emder Straße fahren und links halten. Rechts in die Julianenburger Straße und links über Burgstraße, Schlossplatz und Philosophenweg zum Georgswall, links in die Hafenstraße.

KM 27

6 Kaffeerösterei Hafen 5

Kaffee und Kuchen in der Altstadt

Und jetzt einen Kaffee: Inhaber Oliver Lamb röstet seinen Küstenkaffee selbst. In seiner Rösterei (auricherkaffee.de) stellt er zehn Sorten und auch Espresso her. Dabei achtet er darauf, dass seine Produkte eine lange Röstzeit und dadurch wenig Säure haben. In dem liebevoll eingerichteten Lokal in einer Seitenstraße der Auricher Altstadt gibt es auch natürlich auch echten Ostfriesentee. Und wer mag, probiert einen der Kuchen oder genießt ein Hafini, ein knusprig gebackenes Weizen-Roggen-Sauerteigbrot mit Leinsamen, Sonnenblumenkernen und einem Belag nach Wahl. Außerdem werden Suppen, Salate und Nudelgerichte angeboten. Ein Großteil der Zutaten stammt aus der Region.

Weiter auf der Hafenstraße, das Rad wenige Meter rechts durch die Fußgängerzone in der Burgstraße schieben, dann links über die Kirchstraße fahren. Am Ende links abbiegen, danach geht es rechts über den Wall zum Busbahnhof.

EXTRA INFOS:

Eine Rakete mit Luft abschießen, ein Wasserspeicherkraftwerk betreiben oder ins Maschinenhaus einer Windenergie-Gondel klettern: All das bietet das ● **Energie-Erlebnis-Zentrum** (www.eez-aurich.de). Auch ein riesiges Rotorblatt ist aus der Nähe zu sehen. Interessierte lernen im 360-Grad-Kino mehr über Wetterphänomene und die Welt der Energie. In der 1600 Quadratmeter großen Ausstellung geht es anschaulich um Besonderheiten der Kräfte aus Sonne, Wind, Wasser, Erdwärme und Biomasse sowie fossilen Brennstoffen – ebenso wie um die Herausforderungen der Zukunft. Rund um das Erlebniszentrum führt zudem ein Naturlehrpfad, an dem alte Apfelbaumsorten gedeihen und der über heimische Tiere und Pflanzen informiert.

KM 28 » ZIEL

Busbahnhof Aurich

Gemütlich sitzen kann man in Aurich bei einem Kaffee. Tee gibt es natürlich auch.

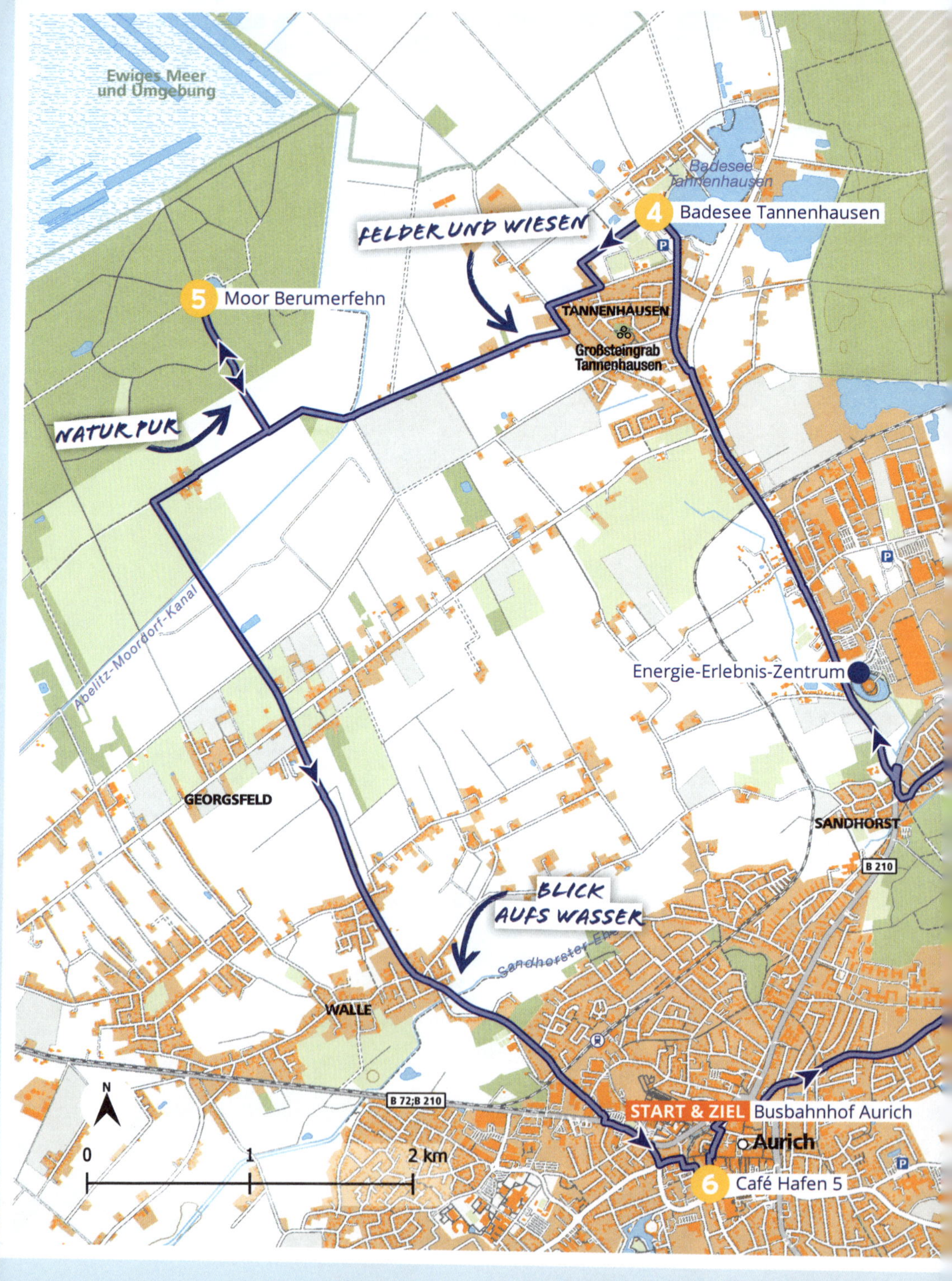
Ewiges Meer und Umgebung
Badesee Tannenhausen
4 Badesee Tannenhausen
FELDER UND WIESEN
5 Moor Berumerfehn
TANNENHAUSEN
Großsteingrab Tannenhausen
NATUR PUR
Abelitz-Moordorf-Kanal
Energie-Erlebnis-Zentrum
GEORGSFELD
SANDHORST
B 210
BLICK AUFS WASSER
Sandhorster Ehe
WALLE
N
B 72;B 210
START & ZIEL Busbahnhof Aurich
Aurich
0
1
2 km
6 Café Hafen 5

AUF EINEN BLICK

- **Start/Ziel:** Busbahnhof Aurich
- **Strecke/reine Radelzeit:** 28 km (Rundtour), 2 Std.
- **Wegbeschaffenheit:** Entspannt, aber einige Wege erfordern Aufmerksamkeit beim Fahren.
- **Beste Zeit:** Frühling und Sommer.
- **Mitnehmen:** Sonnencreme, Badezeug, Mückenschutz.

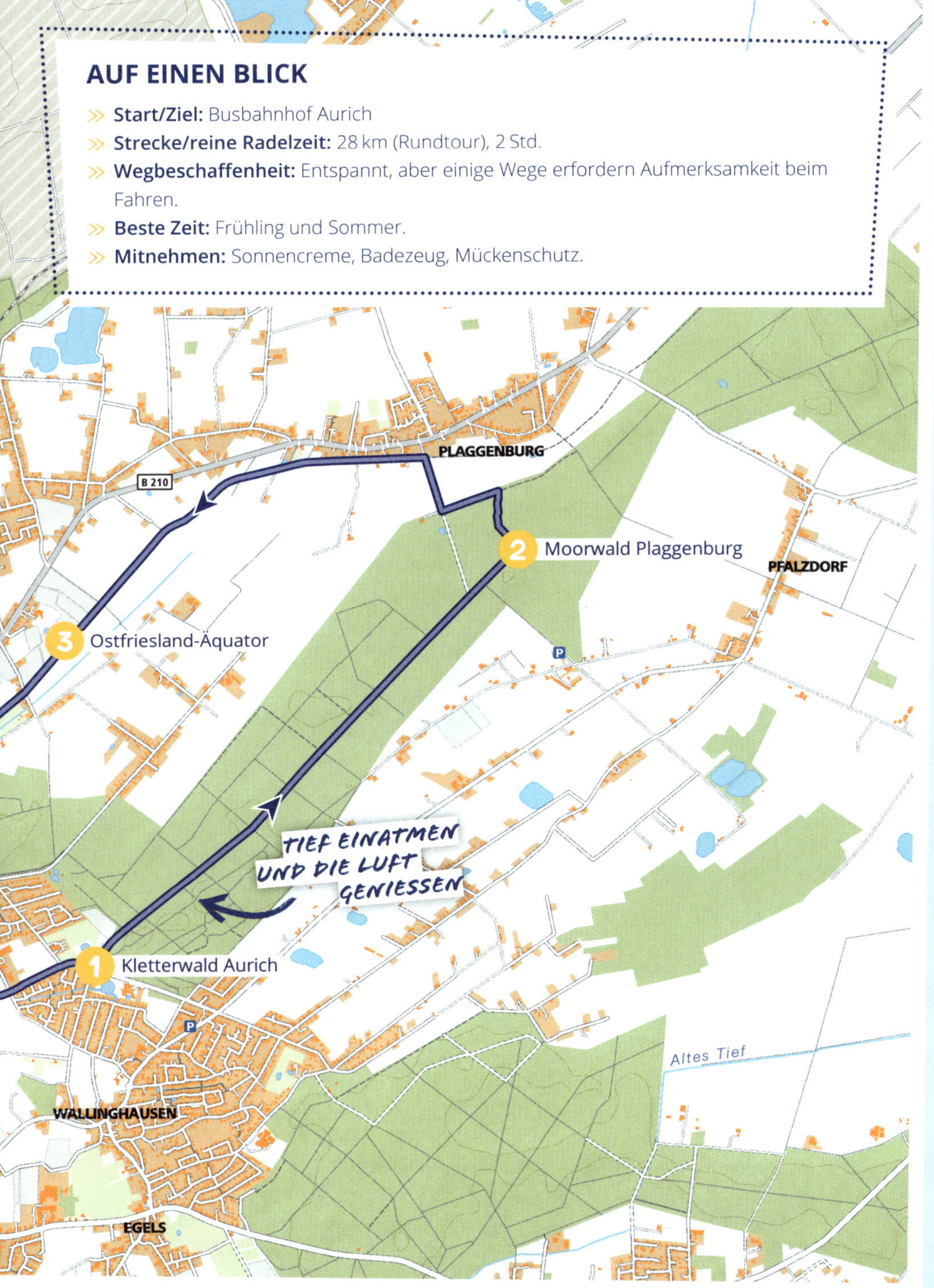

DIE RADELPAUSEN

» START
Busstation Marktplatz Wiesmoor

KM 11
1 Windmühle Spetzerfehn
Die letzte ihrer Art besuchen

KM 15
2 Windmühle Ostgroßefehn
Sich mitten im Ort ausbreiten

KM 15
3 Historische Schmiede
Kurz die Zeit anhalten

18

KANÄLE & MÜHLEN

An den Fehnkanälen rund um Wiesmoor

Weiße Klappbrücken überspannen schnurgerade Kanäle, während sich am Ufer ein Häuschen an das nächste reiht. Immer wieder rückt eine Mühle in den Blick. Später schwappt nur noch Wasser inmitten von Natur: erst in den Kanälen, dann im Ottermeer.

KM 24

4 Rastplatz und Schleuse
Schiffe beobachten

KM 40

5 Café Lüttje Haven
Den Anker auswerfen

KM 41

6 Strandbad Ottermeer
Ab ins Wasser!

KM 44 » ZIEL

Busstation Marktplatz Wiesmoor

HIER SCHWIRREN FEEN ÜBER DIE KANÄLE, ...

... oder etwa nicht? Namen wie Großefehn, Ostgroßefehn und Spetzerfehn lassen schnell vermuten, dass es hier mystisch zugehen könnte. Die Wahrheit ist: Fehn bedeutet Moor, und die ersten Siedlungen im Moor wurden als Fehnkolonien bezeichnet.

Wo heute das Rad an schnurgeraden Gewässern entlangrollt und sich ein Häuschen neben das nächste drängt, schwappte einst Hochmoor. Kaufleute aus Emden ließen Kanäle graben, um es zu entwässern und den Torf zu verkaufen. Heute stellen kleine Schleusen die Entwässerung sicher, und weiße Klappbrücken spannen sich über das Wasser. Boote tuckern vorbei und Teichhühner verstecken sich am Ufer. Stege ermöglichen es unterwegs, Rast zu machen und abzuschalten.

WENN ES IM RUHIGEN WASSER EINE ZWEITE WELT ZU GEBEN SCHEINT...

Und dann sind da noch die Mühlen: Früher gab es in der Gemeinde Großefehn sogar 19 Stück. Fünf sind erhalten – und der Weg verläuft direkt an der **Windmühle Spetzerfehn** und der **Windmühle Ostgroßefehn** vorbei. Dicht dahinter liegt die **Historische Schmiede Striek**.

Bald rollt das Rad weiter über den Ostfriesland-Wanderweg. Die Strecke führt auf der alten Kleinbahnroute schattig unter Bäumen hindurch. Hier kehrt man dem Wasser einmal kurz den Rücken zu – aber nicht lange. Nach der Kirche in Wiesens, in deren freistehendem Glockenturm die älteste Glocke läutet, die in Ostfriesland in Betrieb ist, heißt es wieder: Wasser marsch! Der Ems-Jade-Kanal kommt in Sicht, den die Route kurz zuvor noch gekreuzt hat.

Dort lässt es sich herrlich entlangradeln, das Wasser liegt meist glatt da, und die Bäume spiegeln sich an windstillen Tagen so sehr im Wasser, dass es wirkt, als gäbe es dort unten eine zweite Welt. Diese zerspringt allerdings schnell, wenn sich ein Schiff vorbeischiebt. Gut beobachten kann man das an der **Schleuse mit Rastplatz**, bevor es weiter zum Nordgeorgsfehnkanal geht. Unterwegs blitzt immer die wieder Mooreinsamkeit auf. Im **Café Lüttje Haven** schmeckt eine Stärkung, dann ruft das **Ottermeer zum Baden**. «

Ruhig liegt das Wasser im Ems-Jade-Kanal.

Am Ems-Jade-Kanal sind die Wege angenehm zu befahren.

Achtung, Enten! Unterwegs sollte man gut schauen, wohin man gerade fährt.

RADELN & GENIEßEN

START

Busstation Marktplatz Wiesmoor

Am Nordgeorgsfehnkanal entlang nach Norden, links über die Schleuse, links am Rand des Landschaftsparks entlang, der Freilichtbühnenstraße und Am Ottermeer folgen. Rechts in die Pollerstraße einbiegen, Schildern in Richtung Spetzerfehn folgen.

KM 11

Windmühle Spetzerfehn

Die letzte ihrer Art besuchen

Wo inzwischen der Galerieholländer mahlt, stand 1818 die erste Mühle. Sie brannte 1885 aufgrund eines Blitzschlags ab und wurde danach in ihrer heutigen Form wiederaufgebaut. Diese Mühle ist die letzte ihrer Art in Ostfriesland: Nur hier wird Getreide noch gewerblich mit Wind gemahlen. Auch wenn die Region förmlich mit Mühlen gesprenkelt zu sein scheint – alle anderen, die noch in Betrieb sind, bekommen als Motormühlen ihre Kraft durch Strom oder werden nur ab und zu von Hobbymüllern in den Wind gedreht. Auch insgesamt gibt es bundesweit nur noch drei weitere Windmühlen, die fast komplett auf die Kraft des Windes setzen.

Weiter auf Im Unterende Nord, am Münkeweg rechts auf den Ostfriesland-Wanderweg fahren. Schilder in Richtung Ostgroßefehn, aber nicht rechts in den Heidhörnweg fahren, sondern die nächste Möglichkeit, Langer Weg/Graf-Edzard-Straße, nehmen und links in den Postweg abbiegen.

In Spetzerfehn mahlen die Mühlen anders – nämlich tatsächlich noch mit Wind.

Auf Schiffen wie der Törfmuttje Antje wurde einst Torf über die Kanäle transportiert.

Im liebevoll angelegten Garten der Schmiede ist Zeit für eine Pause.

KM 15

2 Windmühle Ostgroßefehn
Sich mitten im Ort ausbreiten

Da steht doch eine Mühle mitten im Ort fast auf der Straße. Viel mehr macht sie allerdings leider nicht. Obwohl ein Mahlgang wieder funktionstüchtig ist, dient das Gebäude nur noch als Museum. Früher wurde hier Buchweizenmehl hergestellt. Das war typisch für die Ortschaften im Moor, denn im Gegensatz zu anderen Nutzpflanzen gedieh Buchweizen auf dem kargen Boden, der nur wenige Nährstoffe enthielt. Davon hing allerdings auch viel ab: Verdarb die Ernte, drohte den frühen Siedlern der Tod. An der Mühle am Kanal liegt mit Törfmuttje Antje auch ein ehemaliges Torfschiff im Wasser, mit dem Torf über die Fehnkanäle transportiert wurde. Wer schon Hunger hat, kann sich gegenüber im Compagniehaus (www.compagniehaus.de) versorgen.

Den Großefehnkanal an der Kanalstraße Nord in Richtung Westen entlangfahren.

KM 15

3 Historische Schmiede
Kurz die Zeit anhalten

Eine Hummel brummt vorbei, Schmetterlinge tänzeln durch die Luft, Bienen summen umher: In dem liebevoll hergerichteten Bauerngarten an der Historischen Schmiede Striek (www.schmiede-striek.de) tobt das Leben. Alles blüht rund um die schmalen gepflasterten Wege. Am liebsten würde man die Zeit anhalten und der Natur den ganzen Tag lang beim Wachsen zusehen. Die eigentliche Schmiede stammt aus dem Jahr 1898 und ist rechts in dem kleinen Häuschen am Garteneingang untergebracht. Sie lässt sich durch die Fenster und mit etwas Glück auch durch die geöffnete Tür betrachten. Vor mehr als 100 Jahren war Andreas Striek hier als Huf- und Wagenschmied tätig und vor allem berühmt für seine Schlittschuhe, die im Winter auf den Kanälen zum Einsatz kamen.

Weiter am Großefehnkanal, rechts über den Bahnhofsplatz zum Wanderweg, der in den Postweg mündet. Links in den Heerweg, am Supermarkt in Holtrop links halten, gleich wieder rechts auf den Postweg. In Wiesens an der Kirche rechts in die Osterfeldstraße und über Wehrstraße, Moorackerweg und Roßmüllersweg zum Ems-Jade-Kanal, diesen dann nach links entlangfahren.

Vom Rastplatz aus kann man die Schiffe in der Schleuse beobachten.

KM 24

4 Rastplatz und Schleuse
Schiffe beobachten

Gemütlich am Ufer sitzen, während die Schiffe vorbeituckern und der Wind durch die Bäume streicht. Vom Rastplatz aus blickt man direkt auf die 33 Meter lange Schleuse aus dem Jahr 1884. Dank seiner Überdachung ist dieser Platz auch bei eventuellen Regenschauern eine gute Wahl. Mehr als die Hälfte der Tour hat man nun zurückgelegt – es ist also spätestens jetzt Zeit für einen kleinen Snack. Wer bereits von weiteren Abenteuern träumen sollte, kann sich auf der fest installierten kreisrunden Umgebungskarte schon das nächste Ziel suchen. Bei Bedarf gibt es gegenüber beim Bootsverein Toiletten.

Weiter am Kanal, bei Zum Kanaldeich auf die südliche Seite wechseln. In Marcardsmoor auf der linken Seite am Nordgeorgsfehnkanal gen Wiesmoor fahren. Den Kanal über die kleine Fußgängerbrücke am Schulzentrum überqueren und über Dahlienstraße und Am Stadion zum Ottermeer radeln.

KM 40

5 Café Lüttje Haven
Den Anker auswerfen

Hausgemachte Torten, liebevoll gestaltete Kuchen – und den Blick aufs Wasser gibt es inklusive: Kerstin und Stefan Budde haben sich mit dem Lüttje Haven (www.facebook.com/Luettje-Haven) ihren Traum vom eigenen Café verwirklicht, das eigentlich eher ein gemütliches Wohnzimmer direkt am Ufer des Sees ist. Übersetzt heißt der Name »Kleiner Hafen«, und es lohnt sich, den Anker auszuwerfen und das Rad abzustellen. In Ruhe durchatmen, sich stärken und genießen, dann geht es weiter. Und keine Sorge, falls jemand nicht so auf Süßes steht: Es wird auch Herzhaftes angeboten.

Am Ottermeer entlang bis zum Badestrand radeln.

Falls es einmal kälter sein sollte, kann mc im Café Lüttje Haven auch gemütlich drinne sitzen und sich mit Kaffee verwöhnen lasse

Das Café Lüttje Haven liegt direkt am Ottermeer.

EIN PLATZ AM WASSER

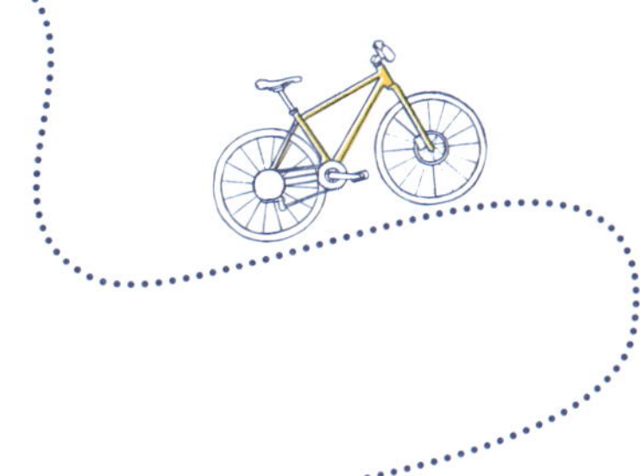

KM 41

6 Strandbad Ottermeer

Ab ins Wasser!

KM 44 » ZIEL

Busstation Marktplatz Wiesmoor

Rein in den See! Vom trüb-branuen Wasser in diesem Moorfreibad sollten sich Badewillige auf keinen Fall abschrecken lassen, denn die Wasserqualität ist trotz der ungewöhnlichen Farbe hervorragend. Der See entstand in den 1970er-Jahren, als das Moor abgetorft wurde. Auch die Umgebung ist vom Moor geprägt, so gedeihen hier etwa Knabenkraut, Besenheide, Wollgras oder Wasserschwertlilien. Wer mag, kann mit einem Tretboot über den 13 Hektar großen See schippern oder sich im Stand-up-Paddeln versuchen. Ansonsten lässt man sich einfach treiben, setzt sich in den Sand oder genießt die Zeit in einem Strandkorb.

Auf der anderen Seite des Ottermeers zurückfahren, den gleichen Weg wie zuvor über die Brücke bis zur anderen Seite des Kanals wählen. Dort rechts über Schulstraße bis zur Ampelkreuzung und von dort zum Marktplatz radeln.

Hui! Die Rutsche führt mit Schwung ins Ottermeer.

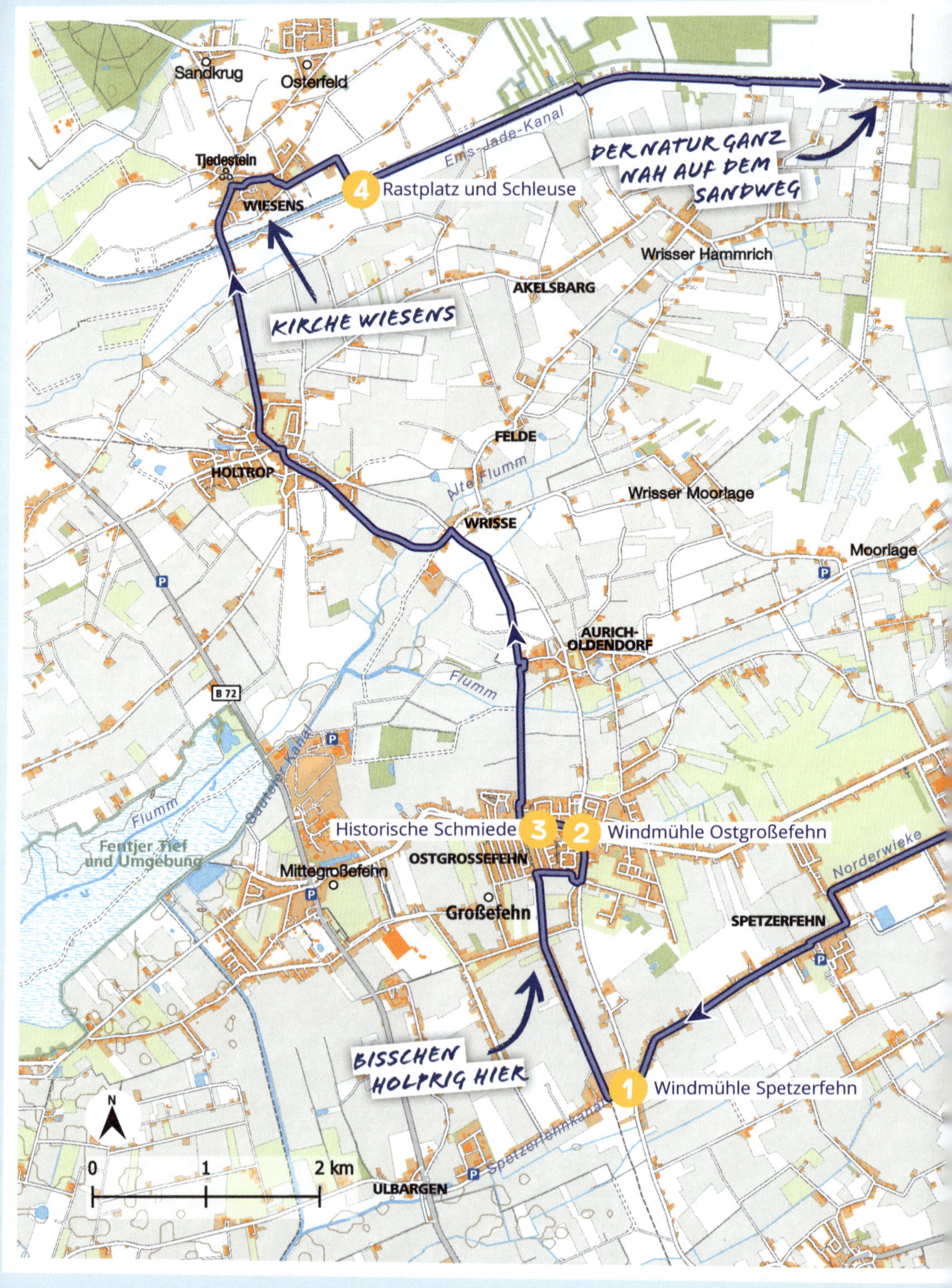
Sandkrug
Osterfeld
Ems-Jade-Kanal
Tjedestein
WIESENS
4 Rastplatz und Schleuse
DER NATUR GANZ NAH AUF DEM SANDWEG
Wrisser Hammrich
AKELSBARG
KIRCHE WIESENS
FELDE
Alte Flumm
HOLTROP
Wrisser Moorlage
WRISSE
Moorlage
AURICH-OLDENDORF
Flumm
B 72
Flumm
Fentjer Tief und Umgebung
Historische Schmiede 3
2 Windmühle Ostgroßefehn
OSTGROSSEFEHN
Mittegroßefehn
Großefehn
Norderwieke
SPETZERFEHN
BISSCHEN HOLPRIG HIER
1 Windmühle Spetzerfehn
Spetzerfehnkanal
N
0
1
2 km
ULBARGEN

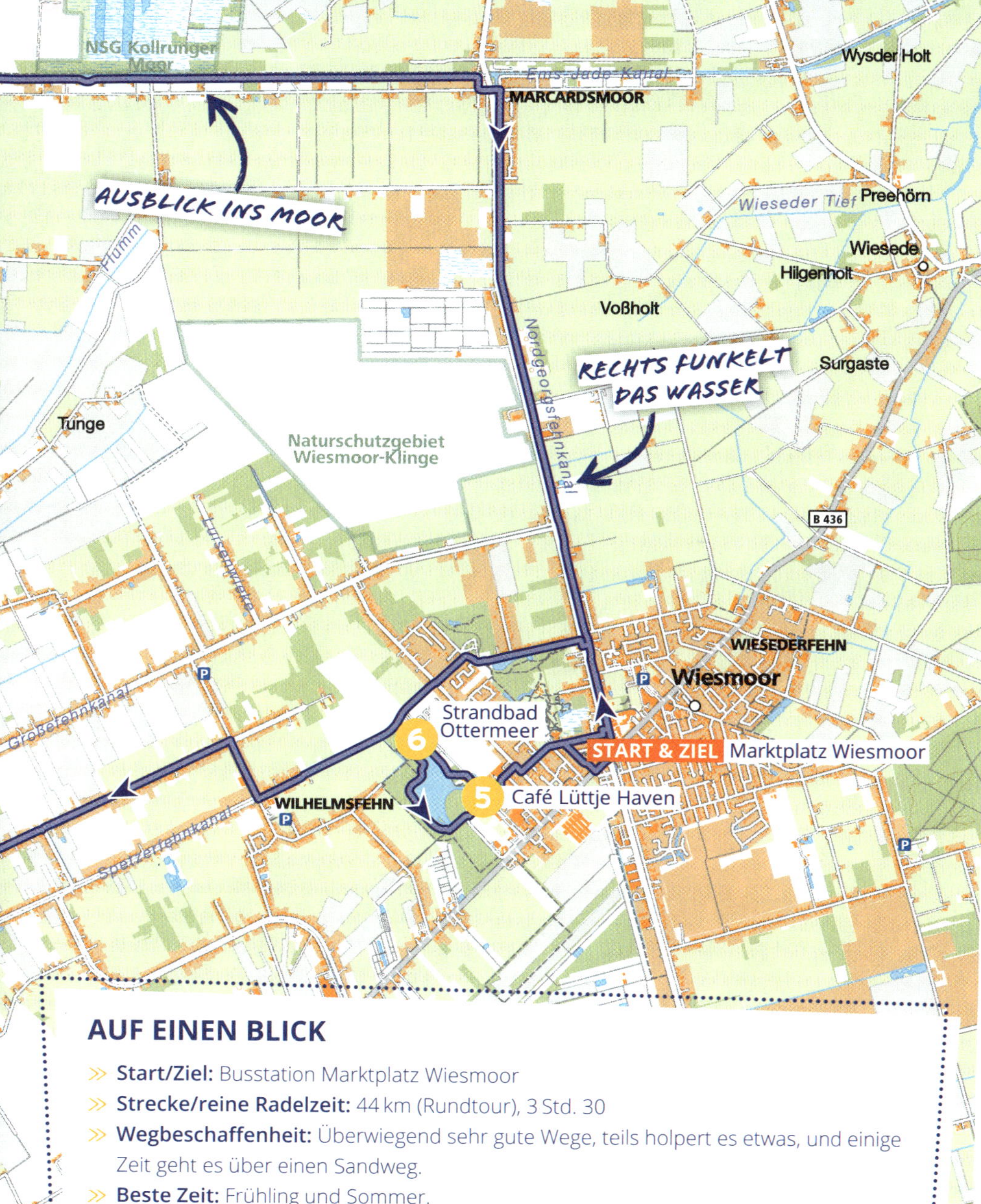

AUF EINEN BLICK

- **Start/Ziel:** Busstation Marktplatz Wiesmoor
- **Strecke/reine Radelzeit:** 44 km (Rundtour), 3 Std. 30
- **Wegbeschaffenheit:** Überwiegend sehr gute Wege, teils holpert es etwas, und einige Zeit geht es über einen Sandweg.
- **Beste Zeit:** Frühling und Sommer.
- **Mitnehmen:** Sonnencreme, Snack und Wasser für unterwegs, Mückenschutz, Badezeug.

DIE RADELPAUSEN

» START
Busstation Marktplatz Wiesmoor

KM 5
1 Klosterruine Hopels
Die Vergangenheit aufspüren

KM 15
2 »Zum Friedeburger« im Strandhaus
Futtern wie bei Muttern

KM 17
3 Ortsschild Rußland
Einmal gen Osten, bitte …

19

RUẞLAND BIS AMERIKA

Von Wiesmoor nach Friedeburg und zurück

Russ(ß)land und Amerika: Hier ist es möglich, an nur einem Tag zwei Kontinente zu bereisen. Es geht durch den Hopelser Wald und durch Felder in die beiden Friedeburger Ortsteile und schließlich durch die Natur zurück nach Wiesmoor.

KM 19

4 Ortsschild Amerika

... und auf einen anderen Kontinent

KM 29

5 Erlebnisgolf

Abschlag auf Ostfriesisch

KM 29

6 Blumenhalle

Inmitten von Pflanzen entspannen

KM 30 » ZIEL

Busstation Marktplatz Wiesmoor

AN NUR EINEM EINZIGEN TAG ...

... kann man auf dieser Tour von Rußland nach Amerika reisen. Was sonst Tausende Kilometer voneinander über Land und durch einen Ozean getrennt ist, wird hier lediglich durch einen Graben geteilt. Aber der Reihe nach: Zunächst einmal führt der Weg aus Wiesmoor hinaus. Wo sich heute Straßen kreuzen und Supermärkte aneinanderreihen, stand Ende des 19. Jahrhunderts noch kein einziges Haus. Die jüngste Stadt Ostfrieslands wurde erst durch den Aufbau eines Torfkraftwerks erschlossen, das 1909 ans Netz ging.

PLÖTZLICH STEHT DA EINE FREUNDLICHE MATRJOSCHKA AN DER STRASSE

Schnell geht es aus Wiesmoor hinaus in den Hopelser Wald. Dort rumpelt das Rad über den Pfad, lässt sich aber gut führen. Vorsicht, es können einzelne Äste und Brombeerranken im Weg sein – hohes Tempo ist eher nicht angesagt. Dafür belohnt die herrlich frische Waldluft für den kleinen Parforce-Ritt. Wer nicht an einen Mückenschutz gedacht hat, sollte wiederum besser nicht zu langsam fahren, denn sobald man einmal stehen bleibt, etwa an der **Klosterruine Hopels**, sirrt es schon verdächtig in den Ohren ...

Mitten durch Felder zieht der Weg sich nach dem Wald weiter, immer wieder von Bäumen gesäumt, bis **»Zum Friedeburger« im Strandhaus**. Von dort aus gelangt man zum **Ortsschild Rußland** und zum **Ortsschild Amerika**. An knorrigen Bäumen vorbei folgt man dem teils holprigen, aber immer solide befahrbaren Feldweg, der herrliche Ausblicke auf die weite Landschaft bietet.

Über den Nordgeorgsfehnkanal geht es schließlich zum **Erlebnisgolf** und zum **Blumenreich**. Die Abwärme des damaligen Torfkraftwerks wurde genutzt, um riesige Gewächshäuser zu heizen. Lange war die Wiesmoor-Gärtnerei die größte Topfpflanzen-Gärtnerei Deutschlands. Das Gros der Gewächshäuser ist verschwunden, doch das Erbe der Blumenstadt lebt nicht nur in kleinen verbliebenen Anzuchtbetrieben weiter. Teile der alten Anlagen stehen nun in der Blumenhalle mitten in Wiesmoor. «

Unterwegs ist das Wasser immer wieder ganz nah.

Volle Konzentration: Wege und Natur kämpfen darum, wer hier die Vorherrschaft hat.

Die Blumenhalle ist ein kleines Paradies.

RADELN & GENIEßEN

START

Busstation Marktplatz Wiesmoor

Zur Hauptstraße fahren, rechts halten. Rechts in den Grenzweg abbiegen, der zum Amselweg wird. Rechts auf den Birkhahnweg und über Zum Friedhof in den Hopelser Wald. Dem diagonalen Weg bis zur Hopelser Straße folgen, am Melkhus wieder in den Wald. Den Weg hinter der rechten Autoschranke nehmen.

KM 5

Klosterruine Hopels

Die Vergangenheit aufspüren

Ein Haufen Findlinge mitten im Wald, auf denen sich ein weicher Moosteppich ausgebreitet hat: Kaum zu glauben, dass hier einmal ein Kloster gestanden hat. Gegründet wurde es vermutlich zwischen 1235 und 1290, aufgelöst im Jahr 1528. Wer sich genauer umschaut, kann noch den etwa vier Meter breiten Klosterwall entdecken. Auch der alte Klostergraben dämmert noch vor sich hin. Achtung: Die Abzweigung zum Kloster kann man schnell verfehlen. Es führt nur ein unscheinbarer Pfad vom Hauptweg in den Wald. Die Findlinge sind von dort nicht zu sehen und zu Fuß deutlich besser zu erreichen als mit dem Rad, das man deshalb kurz abstellen sollte.

Weiter Richtung Süden auf dem Hauptweg, der in den Klosterweg mündet. Links auf Bentstreeker Straße/Mullberger Weg abbiegen, dann links in den Dreibrückenweg. Links in den Schwarzer Weg und auf den Campingplatz fahren.

Wo sich heute Steine stapeln, stand einst ein Kloster.

KM 15

Zum Friedeburger im Strandhaus

Futtern wie bei Muttern

»Futtern wie bei Muttern« ist das Motto des kleinen Lokals im Strandhaus auf dem Campingplatz. Das kleine Holzhäuschen liegt hübsch an einem See, und von der rückwärtigen Terrasse blickt man direkt aufs Wasser. Hier geht es rustikal zu, und es gibt Hausmannskost (zum-friedeburger.business.site) – eben »wie bei Muttern« zu Hause. Gäste sollten sich unbedingt vorne an der Rezeption am Eingang des Campingplatzes anmelden. Der Zugang zum Restaurant ist kostenlos. Wenn jemand sich länger auf dem Platz aufhalten und beispielsweise Strand und See nutzen möchte, wird die Gebühr für Tagesgäste fällig.

Geradeaus auf den Sandweg, links auf die Wieseder Straße, dann rechts auf den Mickenbarger Weg und links auf den Rußlandweg fahren.

Stärkung am Wasser im Strandhaus auf dem Campingplatz.

Nach Rußland ist es hier nicht weit ...

KM 17

Ortsschild Rußland

Einmal gen Osten, bitte ...

Verfahren? In ein Wurmloch gefallen oder eine sagenhafte Abkürzung gefunden? Plötzlich jedenfalls posiert eine riesige Matrjoschka an der Straße, und ein Schild kündet Rußland an. Der Friedeburger Ortsteil nimmt den Namen mit Humor. Woher er stammt, ist nicht ganz klar: Womöglich geht er auf einen Bauern zurück, der dort vor mehr als 100 Jahren lebte und wegen seines rauen Auftretens Russe genannt wurde. Eine andere Variante ist, dass dort ein Köhler, auch Rußer genannt, seine Hütte hatte. Und eine dritte Erklärung schließlich besagt, dass der Boden in diesem Ortsteil besonders karg war und sich nur schlecht bewirtschaften ließ – ganz so, wie sich die Menschen Russland vorstellten. Inzwischen hat sich im Rußlandweg ein Spirituosenhersteller angesiedelt, der auch Wodka vertreibt.

Zurück zum Mickenbarger Weg, links abbiegen, dann links auf die Heseler Straße fahren.

... nach Amerika aber auch nicht.

KM 19

Ortsschild Amerika

4 ... und auf einen anderen Kontinent

Jetzt wird es kurios – denn schon wieder gilt es, ein neues Land zu entdecken: Nur ein kurzes Stück von Rußland entfernt finden Reisende sich in Amerika wieder. Sie müssen dafür nicht einmal den Pazifik oder die Beringstraße, sondern mit der Heseler Bäke nur einen kleinen Graben überqueren. Der Ortsteil wurde von 1765 bis 1824 besiedelt. Viele der Moorkolonisten wollten eigentlich nach Amerika, konnten das Geld für die Überfahrt aber nicht aufbringen. Deshalb bauten sie sich ihr eigenes Amerika – mitten in Ostfriesland. Hier am Amerikaplatz gibt es sogar einen bunt bemalten Totempfahl, gegen den noch das größte Fahrrad winzig erscheint.

Weiter auf Heseler Straße, rechts auf Auricher Weg und links über Wieseder Dorfstraße und Ziegeleistraße auf Klinger Weg fahren. Links auf den Surgaster Weg abbiegen, weiter rechts auf Reitscharter Weg. Links in Lammersweg, dann links auf den Reitscharweg und wieder rechts auf Sonnenblumenweg. Links über die Schleuse fahren, links an Wittmunder Straße entlang und rechts in den Resedaweg, von dort den Schildern Erlebnisgolf/Blumenhalle folgen.

KM 29

Erlebnisgolf

5 Abschlag auf Ostfriesisch

Den Ball mal eben mit einer Bockwindmühle in die Höhe transportieren lassen, auf einem wackligen Schiff die Balance halten, mit einer Pünte über einen Graben setzen oder eine Kuh mit dem Ball füttern: Diese Anlage ist auch dann einen Besuch wert, wenn man nicht selbst spielen, sondern nur gucken möchte. Beim Erlebnisgolf (www.tourismus-wiesmoor.de/erlebnisgolf) gibt es ungewöhnliche Hindernisse mit Ostfrieslandbezug auf dem Platz. Zu den 18 Bahnen gehören etwa eine Lorenbahn, ein Leuchtturm, Fehnbrücken und eine bespielbare Tasse Tee.

Die Blumenhalle ist direkt nebenan.

Eine Bahn führt den Ball direkt in den Futtertrog einer Kuh.

In der Blumenhalle in Wiesmoor und im Außengelände gibt es viele ruhige Ecken.

EXTRA INFOS:

Was ist denn das? Da steht doch tatsächlich eine ● **Hühnereisenbahn** mitten auf der Wiese. Die Torflok und ihre Anhänger gehören zum Geflügelhof Onken (www.gefluegelhof-onken.de), wo man eine weitere kleine Pause einlegen kann. Mit der Lok lässt sich der mobile Hühnerstall ganz einfach auf der Wiese versetzen, und die Hennen haben so immer frisches Gras zum Picken.

KM 29

6

Blumenreich

Inmitten von Pflanzen entspannen

Bunte Fontänen in einer Wasserorgel, eine wilde Orchideeninsel, ein Kleid aus roten Blüten oder Lavendel, der herrlich duftet: Wasserläufe und Installationen machen den Aufenthalt im Blumenreich (www.tourismus-wiesmoor.de/blumenreich) mit einer Blumenhalle und einem Gartenpark zum Genuss. Es riecht überall nach Pflanzen, Vögel zwitschern, irgendwo plätschert immer Wasser – und das dichte Grün führt dazu, dass man sofort entspannt, ganz so wie die Schildkröten unter den Palmen im Tropenbereich. Hier lassen sich begehbare Beete ebenso wie ungewöhnliche Pflanzen entdecken, und den einen oder anderen Tipp zum Gärtnern gibt es noch obendrauf.

An der Blumenhalle vorbei zur Dahlienstraße fahren, links abbiegen, gleich wieder rechts in Am Nielsenpark und links an der Hauptstraße entlang zum Marktplatz.

Die Fahrkarten, bitte! In der Hühnereisenbahn fühlen die Hühner sich wohl.

KM 30 » ZIEL

Busstation Marktplatz Wiesmoor

AUF EINEN BLICK

- **Start/Ziel:** Busstation Marktplatz Wiesmoor
- **Strecke/reine Radelzeit:** 30 km (Rundtour), 2 Std.
- **Wegbeschaffenheit:** Meist sehr gute Wege, aber im Wald und auf Feldwegen wird es schon einmal holprig.
- **Beste Zeit:** Frühling bis Herbst.
- **Mitnehmen:** Mückenspray.

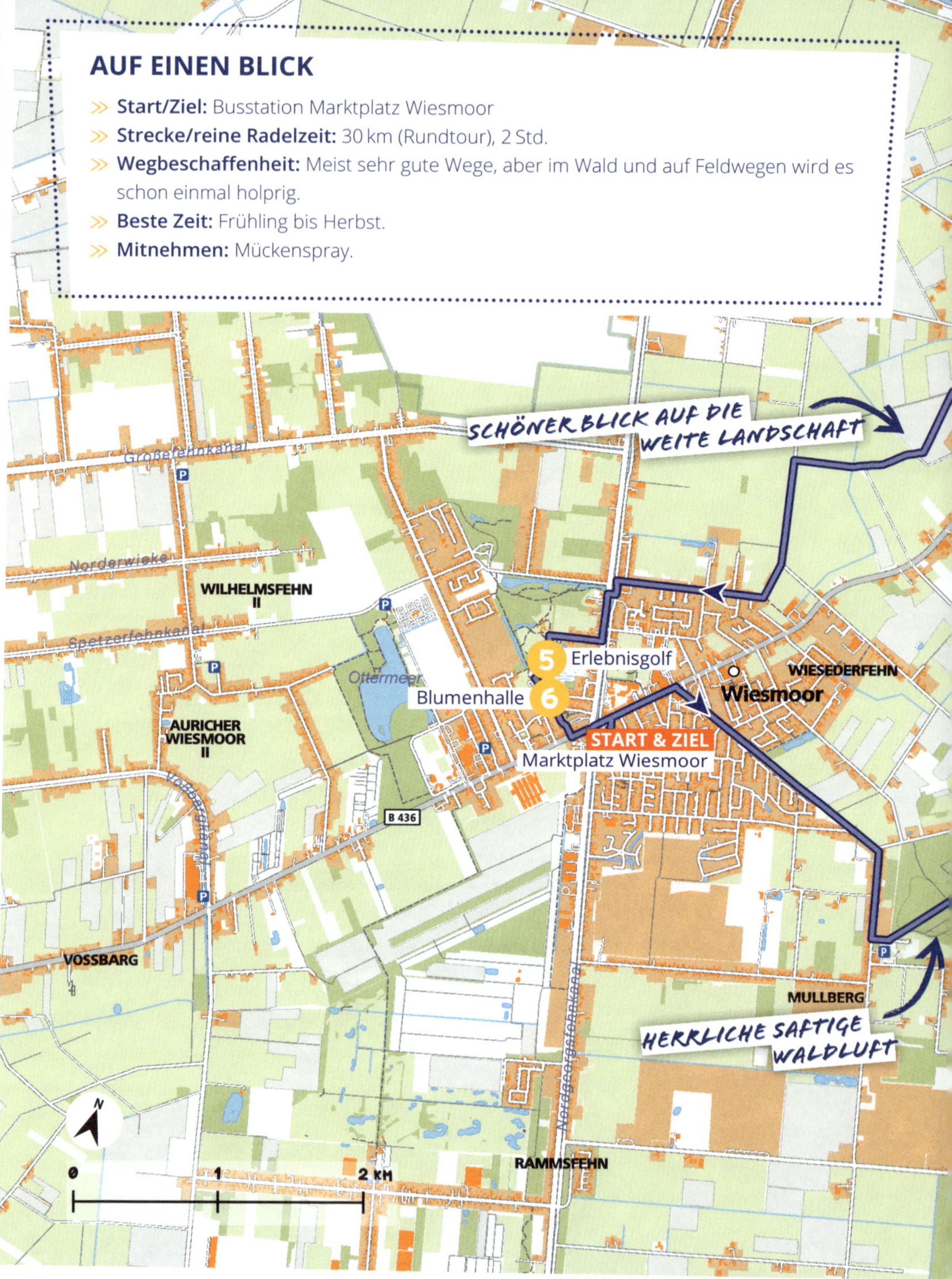

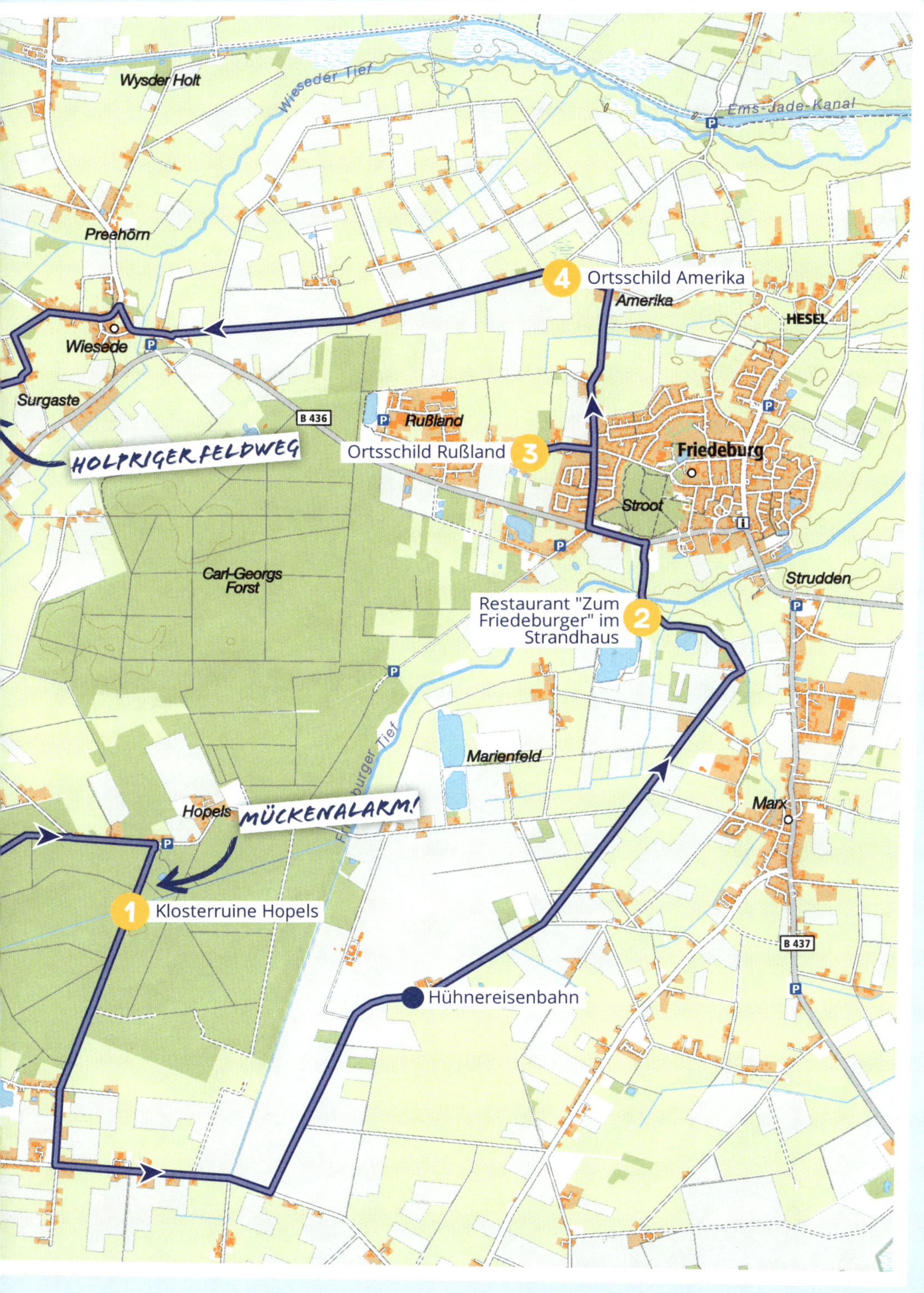

Wysder Holt
Wieseder Tief
Ems-Jade-Kanal
Preehörn
4 Ortsschild Amerika
Amerika
HESEL
Wiesede
Surgaste
B 436
Rußland
HOLPRIGER FELDWEG
Ortsschild Rußland 3
Friedeburg
Stroot
Carl-Georgs Forst
Strudden
Restaurant "Zum Friedeburger" im Strandhaus 2
Marienfeld
Hopels
MÜCKENALARM!
Marx
1 Klosterruine Hopels
B 437
Hühnereisenbahn

DIE RADELPAUSEN

» START
Busstation Marktplatz Wiesmoor

KM 8
1 Schleuse Neudorf
Pause im Grünen

KM 11
2 Ausguck Neudorfer Moor
Hallo Schwarzhalstaucher!

KM 17
3 Moorerlebnispfad Stapeler Moor
Den Boden gluckern hören

20

Wo das Moor gluckert

Von Wiesmoor durch die südlichen Moorgebiete

Ab ins Moor: Wo einst Menschen von Hand und später mit gewaltigen Pflügen dem Moor Torf abtrotzten, sind inzwischen Naturparadiese entstanden. Hier fühlen sich seltene Arten wohl und gedeihen. Nebenbei lässt sich viel über die Vergangenheit lernen.

KM 21

4 Lengener Meer
Dem Moor ins Auge blicken

KM 40

5 Torf- und Siedlungsmuseum
Frühere Zeiten erleben

KM 41

6 Hotel zur Post
Essen mit allen Sinnen genießen

KM 42 » ZIEL

Busstation Marktplatz Wiesmoor

DAS MOOR SCHMATZT UNTER DEN FÜẞEN, ...

... Libellen schwirren, Moorfrösche quaken – und ab und an schwankt sogar der Boden. Von Wiesmoor geht es zunächst am Nordgeorgsfehnkanal entlang, der sich schnurgerade gen Süden zieht. Häuser rücken immer mehr in den Hintergrund, und Menschen sucht man bald vergebens. Gelegentlich teilt man sich den Blick unter den Birken hindurch aufs Wasser mit einer Familie Nilgänse, die hier ursprünglich eigentlich gar nicht hingehört, ansonsten ist wenig los. Das stimmt schon einmal auf den Rest der Tour ein.

DER SCHÖNSTE MOMENT: WENN AUF EINEM BOHLENWEG DAS MOORWASSER UNTER DEN FÜSSEN GLUCKERT

Es gibt aber auch Kontraste: An einer Stelle klafft auf der gegenüberliegenden Seite eines der letzten Torfabbaugebiete, während sich links ein Naturschutzgebiet erstreckt. Schließlich kommt die **Schleuse Neudorf** in Sicht. Nach einer kurzen Rast geht es weiter zum **Ausguck im Neudorfer Moor**. Der abgelegene Holzturm teilt sich seinen Standort mit Libellen, Lachmöwen und Rothalstauchern.

Über einen alten Bohlenweg bei Oltmannsfehn führt die Route weiter ins Naturschutzgebiet Stapeler Moor und Umgebung. Nach einer Runde auf dem **Moorerlebnispfad Stapeler Moor** ist das **Lengener Meer** nicht weit. Die Dosis Einsamkeit wird dort noch erhöht: Spätestens in diesen Teil des Naturschutzgebiets verirren sich kaum Menschen. Der Weg wird zu einem Sandweg, der sich auf dem Randstreifen aber solide befahren lässt. Nichts ist zu hören außer dem Wind in den Bäumen und einigen Vögeln. Wer Ruhe liebt und Entschleunigung sucht, sollte langsam radeln.

Danach rollt man durch ein ehemaliges Moorgebiet, das entwässert, abgebaut und kultiviert wurde. Dicht bewohnt ist es allerdings auch nicht gerade: Rechts und links der Straße erstrecken sich Felder und Grünland, nur selten kommt ein Häuschen in Sicht. Erst in Richtung Wiesmoor wird die Bebauung dichter. Am Hopelser Wald entlang fährt man in Richtung Stadt. Dort sagt noch einmal der Nordgeorgsfehnkanal Hallo, bevor man das **Torf- und Siedlungsmuseum** erreicht und die Tour mit einem Mahl im **Hotel zur Post** endet. «

Wenn das Wollgras blüht, wird es im Moor plötzlich puschelig.

Mit einem Tiefgang von nur einem Meter eigneten sich Schiffe wie das Plattbodenschiff Anna Sophie in Wiesmoor, um Torf durch die flachen Kanäle zu bewegen.

Kanäle sind typisch für die Landschaft rund um Wiesmoor.

RADELN & GENIEßEN

START

Busstation Marktplatz Wiesmoor

Auf die Marktstraße, rechts abbiegen, rechts über die Narzissenstraße zum Nordgeorgsfehnkanal. Links abbiegen und den Kanal gen Süden entlangfahren.

Gut, dass an der Schleuse in Neudorf heute niemand mehr von Hand kurbeln muss, um die Tore zu bewegen.

Schnurgerade zieht sich der Nordgeorgsfehnkanal dahin.

KM 8

Schleuse Neudorf

Pause im Grünen

Willkommen in der grünen Idylle – und an der jüngsten der acht Schleusen am Nordgeorgsfehnkanal, der sich wie ein Lineal in die Landschaft gelegt hat. Mussten die Betreuer der alten Schleuse früher noch minutenlang in Handarbeit kurbeln, wenn ein Schiff passieren wollte, können sie die neu gebaute Schleuse seit 2007 bequem per Knopfdruck steuern. Ein Rastplatz am Ufer lädt zu einer Pause ein. Mit etwas Vorstellungsvermögen werden alte Zeiten wieder lebendig, als die Moorkolonisten den Kanal in mühsamer Handarbeit buddelten, um das Moor zu entwässern und Torf abtransportieren zu können.

Weiter bis zur Neudorfer Straße, dann links in den Bentstreeker Weg.

KM 11

2 Ausguck Neudorfer Moor
Hallo Schwarzhalstaucher!

13 Stufen – und schon öffnet sich von der ruhig gelegenen Plattform aus der Blick über das Neudorfer Moor. Die Fläche gehörte einst zu einem riesigen Torfabbaugebiet südlich von Wiesmoor. 338 Hektar wurden wiedervernässt und stehen unter Naturschutz. Großlibellen schweben umher, und rund 60 Vogelarten haben das Gebiet als Lebensraum auserkoren, darunter seltene Arten wie Schwarzhalstaucher. Seit einiger Zeit lebt dort auch eine Lachmöwenkolonie. Die wachsamen Vögel sind bei anderen Arten beliebt, weil sie Feinde schon früh entdecken. Deshalb gibt es manchmal regelrechte Wohngemeinschaften – etwa mit Rothalstauchern, die schwimmende Nester bauen. Sie verwenden dafür verrottende Wasserpflanzen. Das mag zwar etwas müffeln – aber beim Faulen entsteht Wärme für die Eier.

Zurück zur Neudorfer Straße, links abbiegen. Rechts auf den Römerweg bis zum Barkensweg fahren, links abbiegen. Rechts auf die Lange Straße fahren.

Von diesem Ausguck aus kann man weit über das Neudorfer Moor blicken.

Eine Hummel fliegt zu einer Distel, die am Rand des Moors steht.

KM 17

3 Moorerlebnispfad Stapeler Moor
Den Boden gluckern hören

Seit 1997 wird hier kein Torf mehr abgebaut, und im Anschluss wurde das Gebiet wiedervernässt, um typischen Bewohnern des Hochmoors wie Flechten, Moosen, Moorfröschen und Heidelibellen eine neue Heimat anzubieten. Ein rund 1,6 Kilometer langer Rundweg führt über die abgetorften Flächen, vorbei an Torfmoosen, Wollgras und Glockenheide. Moorfrösche quaken, Libellen flattern, und im Frühjahr winkt das Moorgras mit weißen Puscheln. In Teilen führt die Route auch über restaurierte Bohlenwege, unter denen der Grund schwankt und das Moorwasser schmatzt. Auf solchen Wegen versuchten Menschen seit dem achten Jahrhundert vor Christus, das Moor zu durchqueren. Ein Aussichtsturm ermöglicht entlang des Pfades außerdem den Blick auf die weite Moorlandschaft.

Zurück auf die Lange Straße, rechts auf Zum Lengener Meer abbiegen. Dem Weg, der zum Zollweg wird, weiter folgen.

Das Lengener Meer ist ein kreisrunder Moorsee.

KM 21

4 Lengener Meer
Dem Moor ins Auge blicken

Noch nicht genug vom Moor? Wie wäre es dann mit einem Moorauge? So nennt man runde Seen im Hochmoor – und von ihnen gibt es in Deutschland nur noch sehr wenige. Genau so einer ist das Lengener Meer, das man von einem Beobachtungsturm aus überblicken kann. Wer nach Osten schaut, bekommt ein Gefühl für die Weite, die das ursprüngliche Moorgebiet in Ostfriesland mit seinen rund 70 Quadratkilometern einmal gehabt hat. Auch wenn alles idyllisch wirkt: Durch alte, teils verborgene Entwässerungsgräben fließt noch immer ein Teil des Wassers ab. Das zeigt sich auch an den Bäumen, die im Norden und Westen des Sees wachsen, weil der Boden dort trockener ist. In dem Gebiet, das mit weiteren Mooren verbunden ist, leben Kraniche, Brachvögel, Rotschenkel, Sumpfohreulen, Braunkehlchen und Neuntöter.

Weiter auf Zollweg, links auf Spolser Weg, links auf Kochs Damm fahren. Rechts auf Bentstreeker Schulweg abbiegen. Den Radschildern in Richtung Wiesmoor folgen. An der Hauptstraße links, dann rechts am Nordgeorgsfehnkanal entlang. Über die Fußgängerbrücke geradeaus in den kleinen Weg und links zum Museum.

KM 40

5 Torf- und Siedlungsmuseum
Frühere Zeiten erleben

Nach so viel Natur im Moor sind nun die Menschen dran: Wie ging es ihnen eigentlich in den ersten Siedlungen? Wie haben sie gelebt? Im Torf- und Siedlungsmuseum (www.torf-und-siedlungsmuseum.de) ist ein Museumdorf mit begehbaren Originalgebäuden entstanden. Sie zeigen den Alltag, aber auch die Armut der frühen Siedler. Beeindruckend sind die riesigen Großgeräte für den Torfabbau auf dem Außengelände: Gigantische Pflüge und Bagger, die nur von mehreren Personen zu bedienen waren, halfen dabei, das Moor industriell abzugraben. Übrigens: Wer hier die Gelegenheit nutzt, auf die Toilette zu gehen, lernt dort alles über die Geschichte des Klos – und über die Vorzüge des Torfmull-Streuklosetts Triumph.

Zurück auf dem Weg, der zum Museum geführt hat. Dann links abbiegen, an der Erlebnisgolfanlage rechts, links durch die Wacholderstraße und Am Rathaus weiter.

Wer hat denn hier seine Wäsche vergessen? Im Torf- und Siedlungsmuseum erlebt man, wie der Alltag im Moor früher aussah.

Pflüge wie dieser gruben ihre gewaltigen Zähne ins Moor.

KM 41

6

Hotel zur Post

Essen mit allen Sinnen genießen

Wo Wiesmoors erste Siedler bitterarm im Moor schufteten und kaum etwas zu essen hatten, speisen Gäste heute schwelgerisch gut. Im Rücken des alten Rathauses der Stadt bietet das Hotel zur Post (www.hotelzurpost-wiesmoor.de) eine köstliche Stärkung in Form von bodenständigen, regionalen Gerichten mit Einflüssen der Sterneküche – und das zu zivilen Preisen. Die kreativ angerichteten Speisen munden nicht nur vorzüglich, sondern sind auch ein Genuss fürs Auge. Schäumchen zergehen auf der Zunge, Krusten knuspern, Eis knistert auch schon einmal. Wer mag, lässt sich mit einem der legendären Überraschungsmenüs verblüffen (zur Sicherheit gern reservieren). Und falls man sich nur kurz stärken möchte: Kaffee, Tee und selbstgebackenen Kuchen gibt es auch.

Rechts auf den kleinen Weg am Hotel entlangfahren, dann weiter rechts in die Kastanienstraße abbiegen. An der Hauptstraße links fahren, rechts auf den Marktplatz einbiegen.

KM 42 » ZIEL

Busstation Marktplatz Wiesmoor

Im Hotel zur Post kommen köstliche Speisen auf den Tisch.

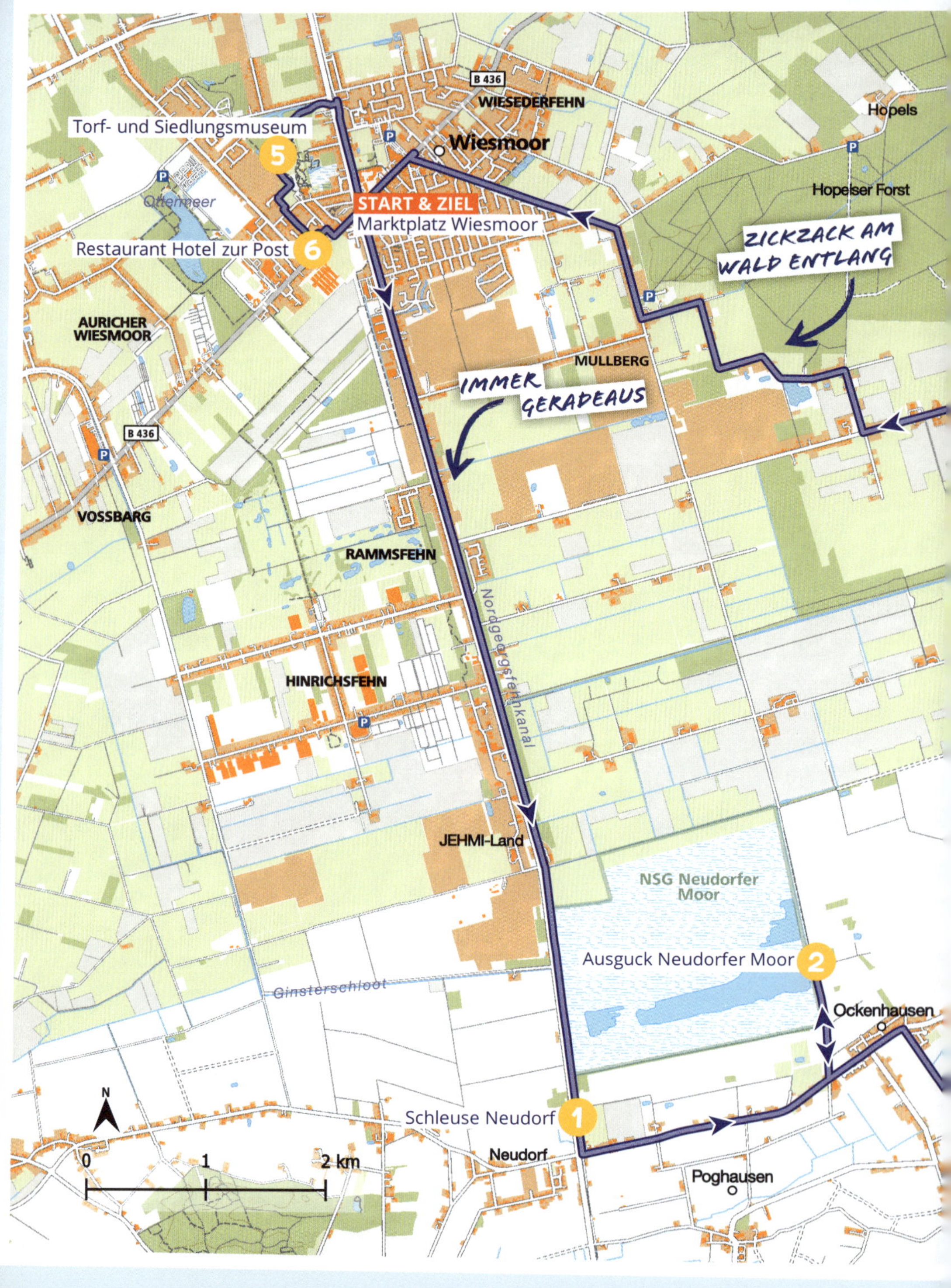
B 436
WIESEDERFEHN
Wiesmoor
Hopels
Hopelser Forst
Torf- und Siedlungsmuseum
5
Ottermeer
START & ZIEL
Marktplatz Wiesmoor
Restaurant Hotel zur Post
6
ZICKZACK AM WALD ENTLANG
AURICHER WIESMOOR
MULLBERG
IMMER GERADEAUS
B 436
VOSSBARG
RAMMSFEHN
Nordgeorgsfehnkanal
HINRICHSFEHN
JEHMI-Land
NSG Neudorfer Moor
Ausguck Neudorfer Moor
2
Ginsterschloot
Ockenhausen
N
Schleuse Neudorf
1
0
1
2 km
Neudorf
Poghausen

AUF EINEN BLICK

- **Start/Ziel:** Busstation Marktplatz Wiesmoor
- **Strecke/reine Radelzeit:** 42 km (Rundtour), 3 Std.
- **Wegbeschaffenheit:** Meist gute Wege, aber im Moor kann es schon einmal holpern oder sandig werden.
- **Beste Zeit:** April und Mai, wenn das Wollgras blüht und die Moorfrösche quaken.
- **Mitnehmen:** Fernglas, Mückenschutz.

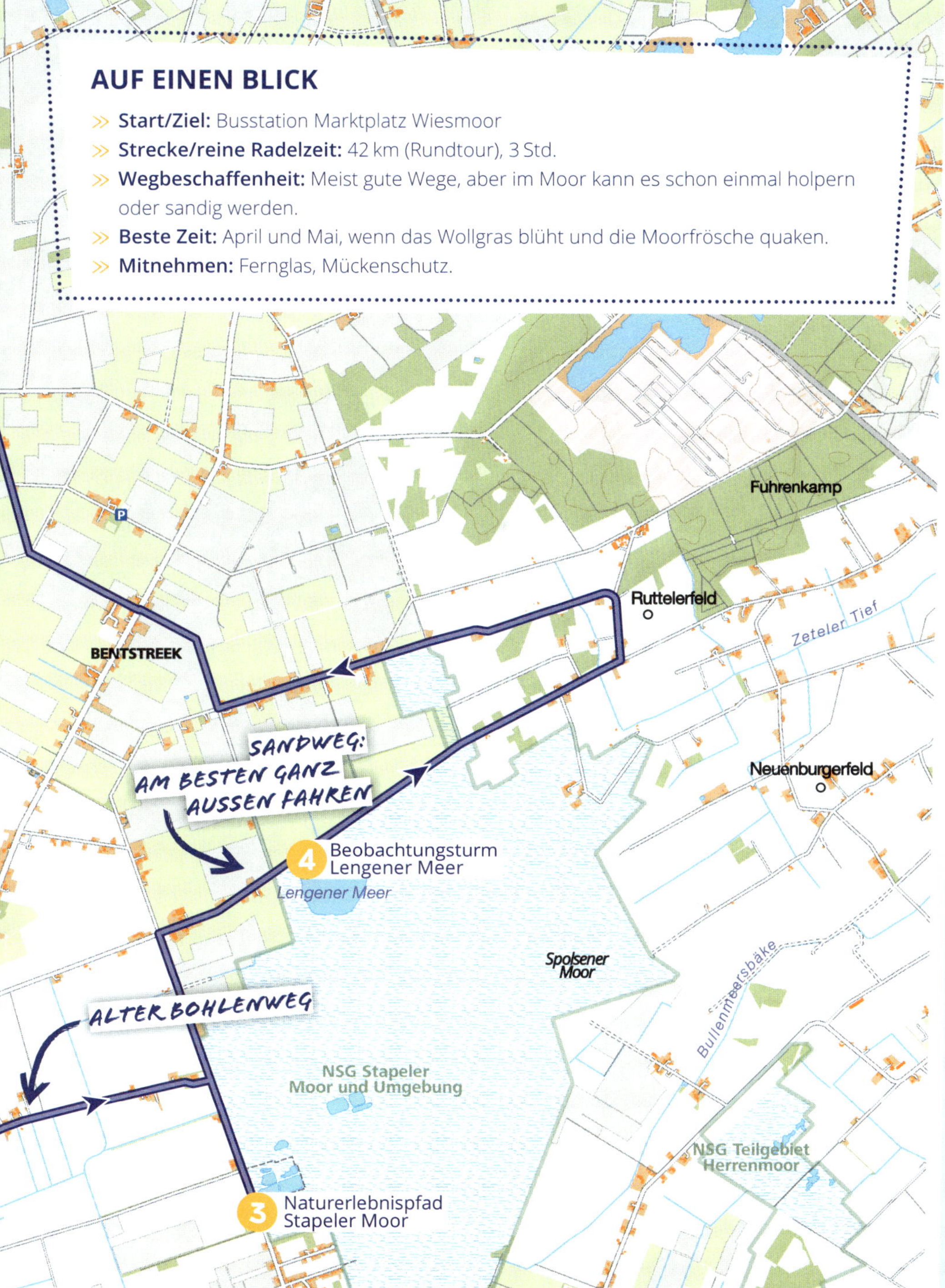

AUCH NOCH GANZ NÜTZLICH

ORTSREGISTER

IMPRESSUM

» **Text:**
Maria Berentzen

» **Cover- und Buchgestaltung:**
Carolin Weidemann, Köln, www.weidemann-design.com

» **Lektorat & Produktion:**
Verlagsbüro Wais & Partner, Stuttgart, www.wais-und-partner.de

» **Fotos:**
Titelfoto: papillondream/Shutterstock; Fotos Innenteil: Maria Berentzen mit Ausnahme von: Foto S. 2: Ole Cordsen; Foto S. 35: indukas / Shutterstock: Fotos S. 114, 118: mit freundlicher Genehmigung der Seehundstation Norddeich

» **Kartografie:**
©KOMPASS-Karten GmbH, kompass.de unter Verwendung von ©OpenStreetMap Contributors, osm.org/copyright

» **S. 222 / 223:**
Marie Geißler (Illustration), Jens Bey (Text)

Alle Angaben ohne Gewähr. Alle Rechte vorbehalten. Das Werk einschließlich aller seiner Teile ist urheberrechtlich geschützt und darf weder kopiert, vervielfältigt, nachgeahmt oder in anderen Medien gespeichert werden, noch darf es in irgendeiner Form oder mit irgendwelchen Mitteln – elektronisch, mechanisch oder in anderer Weise – weiterverarbeitet werden.

Printed in Poland

1. Auflage 2023

© 2023 DuMont Reiseverlag, Ostfildern

ISBN 978-3-616-03192-7
www.dumontreise.de

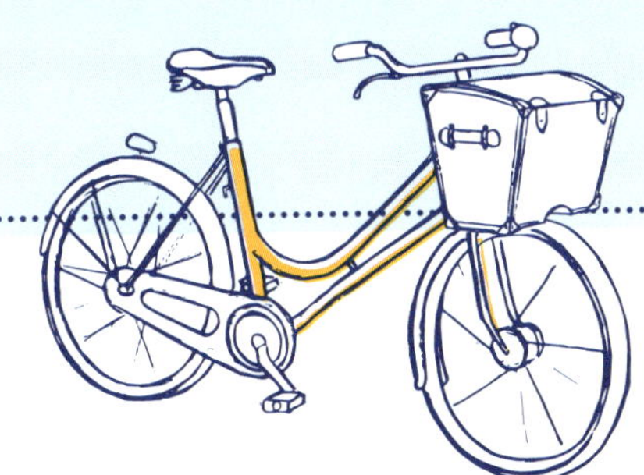

RECHTS ODER LINKS? IMMER WISSEN, WO'S LANGGEHT!

» TOURENVERLAUF

GPX-Daten zum kostenlosen Download

www.dumontreise.de/radelzeit/ostfriesland

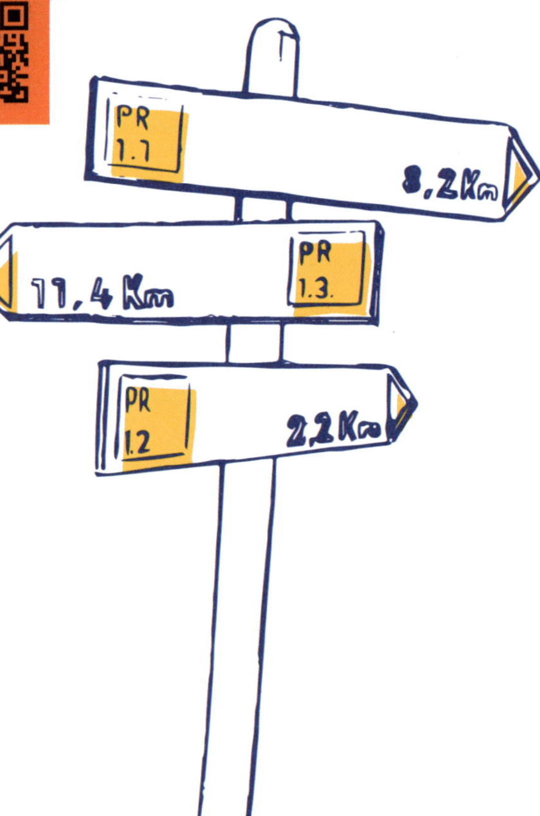

GPX-DOWNLOAD AUFS SMARTPHONE – SO GEHT'S

» **Voraussetzung:**

Eine Outdoor-App muss installiert sein, z. B. KOMPASS, Outdooractive oder Komoot. Zum Einlesen des QR-Codes benötigen ältere Android-Geräte eine QR-Code-App. Bei neueren Android- und iOS-Geräten ist diese Funktion in der Kamera integriert.

» **Daten downloaden:**

1. Den QR-Code einlesen oder die Webadresse im Browser eingeben, um auf die Radelzeit-Website zu gelangen.
2. Die gewünschte Tour zum Download anklicken.
3. Bei iOS-Geräten werden die GPX-Daten direkt mit der vorab installierten App verknüpft. Bei Android-Geräten muss ggf. noch eine Weiterleiten-Button geklickt werden (z. B. oben rechts im Display). Manche Apps zeigen den Tourverlauf starr an, andere haben eine Navigationsfunktion dabei.

WEITERRADELN ...

ISBN 978-3-616-03197-2

ISBN 978-3-616-03199-6

ISBN 978-3-616-03189-7

ISBN 978-3-616-03196-5

ISBN 978-3-616-03188-0

ISBN 978-3-616-03198-9

ISBN 978-3-616-03191-0

ISBN 978-3-616-03194-1

Noch mehr Radelinspiration gibt's im gut sortierten Buchhandel und unter www.dumontreise.de

YOGA FÜR DAVOR UND DANACH

SCHMETTERLING

» Setze dich auf den Boden und lege die Unterseiten deiner Füße aneinander, indem du die Knie nach außen fallen lässt. Nun langsam, ohne viel Kraft, nach vorne lehnen und die Füße mit den Händen umschließen. Entspannt drei Minuten in der Position bleiben, langsam und tief durch die Nase ein- und ausatmen. Um die Übung zu verlassen, die Hände neben bzw. hinter den Körper legen, langsam ein Bein nach dem anderen ausstrecken und nach vorne bringen.

HÖR AUF DEIN HERZ

» Lege dich rücklings auf den Boden, ziehe die Knie an und stelle die Füße flach auf den Boden. Lass jetzt die Knie zur Seite fallen und bring die Fußsohlen zusammen. Lege eine Hand auf deinen Bauch und eine Hand in die Nähe deines Herzens. Schließe deine Augen, atme tief ein und aus und halte die Position mindestens 30 Sekunden lang.

KATZENBUCKEL

» Gehe auf alle viere, die Knie direkt unter der Hüfte. Handgelenke, Ellenbogen und Schultern liegen auf einer geraden Linie, die Arme sind gestreckt, der Kopf in Verlängerung des Rückens mit Blick nach unten. Mache mit dem Ausatmen den Rücken rund, der Kopf geht Richtung Boden, wird aber nicht auf die Brust gepresst. Während des Einatmens wandert dein Bauchnabel in Richtung Boden, hebe gleichzeitig den Kopf. Wiederhole die Übung mehrmals.

ZURÜCKGELEHNT

» Knie dich auf den Boden, mit den Oberseiten deiner Füße auf dem Boden. Bring die Knie zusammen, dein Gesäß geht langsam zum Boden, deine Füße rutschen zur Seite und kommen neben deinen Hüften zu liegen. Schiebe mit den Händen deine Oberschenkel nach innen, lehne dich zurück auf deine Unterarme und lege den Oberkörper langsam ab. Halte die Position für mindestens 30 Sekunden.

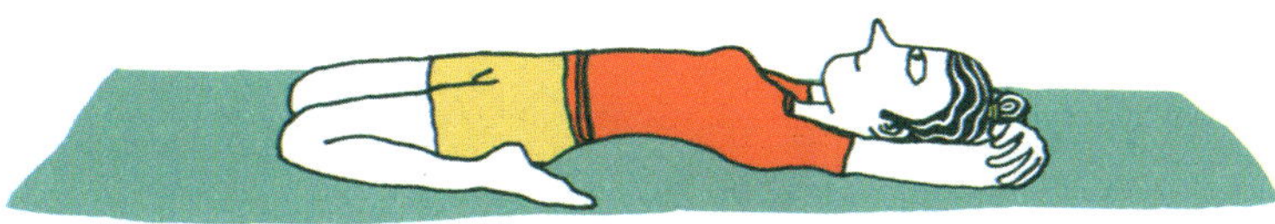

DIE PERFEKTE TOUR ...

#FÜR SONNENHUNGRIGE

Zehn Kilometer geht es am Deich entlang – immer in der Sonne zwischen Schafen. Auch ein Strandstopp gehört bei dieser Tour rund um Esens einfach dazu.

» **TOUR 14, S. 144**

#FÜR NEUGIERIGE

Wie lebten die Siedler im Moor, was trieb Störtebeker in Ostfriesland und was geschah auf den Wilden Äckern? Es gibt Antworten, Antworten, Antworten.

» **TOUR 10, S. 104**

#FÜR WASSERRATTEN

Das Meer ist hier nie weit und am Naturbadestrand Hilgenriedersiel auch mal wild. Für noch mehr Meer ist der Strand in Norddeich ein gutes Ziel.

» **TOUR 11, S. 114**

#FÜR LECKERMÄULER

Kuchen in der Altstadt in Leer, Torte im Café Kuchenliebe, eine Stärkung am Flugplatz und eine Kleinigkeit an der Evenburg: Hier bleibt Hunger fern.

» **TOUR 1, S. 14**

#FÜR FAULE

25 Kilometer – kürzer wird es nicht mehr. Die Insel Norderney lässt sich gemütlich umradeln. Entspannte Pausen sind auch eingeplant.

» **TOUR 13, S. 134**